**《谁拿走了孩子的幸福》**（第五版）书里有一个个震撼人心的真实故事，每个人都能从中找到自己成长时的影子。

**《关键期关键帮助》**（第三版）因为不了解孩子的成长密码，很多时候父母在不知不觉中遏制了他们的潜在发展。

**《谁误解了孩子的行为》**（第二版）用最通俗的语言解答家长们最普遍的90个育儿疑惑。

**《芭学园教育理念和经典课程》**（第二版）芭学园创立15周年献礼之作，内部《教师手册》全面公开。

**《芭学园里的学习故事》**以小说形式还原孩子在芭学园里的真实成长，揭开理念、课程、成长与幸福之间的终极奥秘。

做幸福的教育

# 孩子是脚，教育是鞋

芭学园教育理念和经典课程

第2版
全新修订

李跃儿 主编

华东师范大学出版社
·上海·

**图书在版编目（CIP）数据**

孩子是脚，教育是鞋：芭学园教育理念和经典课程 /
李跃儿主编. — 2版. — 上海：华东师范大学出版社，
2018

ISBN 978-7-5675-7917-0

Ⅰ.①孩… Ⅱ.①李… Ⅲ.①幼儿教育 Ⅳ.①G61

中国版本图书馆CIP数据核字（2018）第143368号

## 孩子是脚，教育是鞋
——芭学园教育理念和经典课程（第二版）

主　　编　李跃儿
责任编辑　沈　岚
责任校对　朱小钗
装帧设计　卢晓红

出版发行　华东师范大学出版社
社　　址　上海市中山北路3663号　邮编 200062
网　　址　www.ecnupress.com.cn
电　　话　021-60821666　　行政传真 021-62572105
客服电话　021-62865537　　门市（邮购）电话 021-62869887
地　　址　上海市中山北路3663号华东师范大学校内先锋路口
网　　店　http://hdsdcbs.tmall.com

印 刷 者　上海中华商务联合印刷有限公司
开　　本　787×1092　16开
印　　张　17
字　　数　197千字
版　　次　2018年9月第2版
印　　次　2020年11月第4次
书　　号　ISBN 978-7-5675-7917-0/G·11245
定　　价　68.00元

出 版 人　王　焰

（如发现本版图书有印订质量问题，请寄回本社客服中心调换或电话021-62865537联系）

# 目录

## 第二章 对教育者的要求 053

## 第三章 教育环境说明 093

# 第四章　课程内容说明　161

# 序言

## （一）

一个秋天的下午，天高云淡，芭学园的班车从马路上开过，正好一群小学生放学走在马路边，芭学园班车上的字引起了他们的注意——"孩子是脚，教育是鞋"，孩子们读完后大叫："啊，我们成了脚了！"他们或许不理解这句话的含义，但作为教育者的我们是理解的，这句话不仅是一种教育理念，更是一种从事教育的决心。

如果没有这个决心，我们就可以一直把八股文延续至今。那时人们多么需要考试，只要考试就有可能脱离贫穷，只要想参加考试就必须知道皇帝喜欢什么。教育就是写出皇帝喜欢的文章，老师的职责是指导人们写出皇帝要的文章，如果说教育是帮助人们走路的鞋子，那么所有人都穿着皇帝的鞋子。

这样的习惯使人们再也不考虑学习的人需要什么，他们的学习感受是怎样的；如果他们考不上，教育对他们有什么用处；如果他们考上了，怎样使用他们曾经努力的结果。于是教书的人仅仅教书，没人研究孩子的成长规律是什么，没人知道教育应该顺应于人的发展规律，更别说教育者努力让教育支持到每一个孩子的生命成长。虽然我们废除了科举制度，但我们一直延续着"教育为了考试"、"教育的本质是为了敲开财富大门"这样的科举式思维。于是，家长把积累知识当作孩子的人生起跑线，孩子从能说话起就在背唐诗，从能上幼儿园起就在算算数。而人类被赋予的生命任务应该是利用他们的肢体探索环境，用玩耍思考他们探索到的信息，这些东西能为孩子一生所用。

例如，五个月的王宝宝，拼命地用嘴巴啃身边能抓到的所有东西。当他的嘴巴啃到物体时，他正通过敏感的舌头和嘴唇收集信息，感受到软的、硬的、光滑的、粗糙的、冷的、热的……大脑在接受这些信息的基础上开始综合和判断，这就是人类大脑的工作模式。这种模式才是人生的起跑线，是人类一生生活和学习的基础，是人类用脑的基础。如果我们认为孩子用嘴巴啃东西是不卫生的，就会阻止孩子用他们的嘴巴探索环境，还会传输给他很多卫生常识。

相比这两种教育模式，一种是孩子的自发行为被阻挠而产生痛苦的感受，一种是孩子按照自己的内在指引，在被允许的情况下对环境进行深入探索，哪种对孩子更有利呢？相信有孩子的人大都会同意要尊重孩子的发展规律，因为天然的学习模式比我们人为传授的学习模式更有利于孩子的发展。

人应该具备的思维模式和行为模式中，包括为别人而准备的与人交往的能力，为生存而准备的质疑和解决疑惑的能力，为生活而准备的深厚感受力，为家人和朋友而准备的情感获得能力和使用能力等等。孩子用他们的身体发展起他们大脑的工作能力和实践能力，这两样东西才是孩子将来能够成功和幸福的条件，有了这两样东西才能保证孩子将来在十几年的学习生涯中有足够的大脑工作能力来完成学业，并在学业结束后有足够的行动能力，把学到的东西转变为工作能力。

人类的真实生活没有多少内容与我们的考试有关，人类需要有能力创造美好的生活，只有他们感觉到生活美好，他们才能对自己满意，也只有他们觉得对自己满意他们才能感到生活美好。这是人类一生幸福的基础，这一切都不是反自然规律的学习方式能够达到的。

那么如果教育不能帮助人类发展反而在破坏人类建构美好生活的可能性，家长为什么还要把自己挚爱的宝贝硬塞给教育机构呢？我们到底应该怎样理解教育，怎样使用教育？

于是，我们发现教育就像鞋子，它是助人类更好行走的工具，从这个意义上讲，如果造鞋人不考虑穿鞋人的需要，不考虑穿鞋人的脚，造出的鞋比脚大，就会在穿鞋人走路时妨碍他们的速度，并使他们感到痛苦，如果造出的鞋比脚小，就会挤伤穿鞋人的脚，同样让他们感到痛苦，我们不能为了鞋子把穿鞋的脚拉长或者截断，让脚来适合鞋子。

如前面我们说到的五个月的婴儿王宝宝，如果我们稍加留意就会发现，这个世界上不论哪个国家、哪个民族、哪个地域的婴儿在三到十个月时，大都会出现同一种状况。这种现象难道不足以让我们去探索一下，婴儿为什么会抓到什么就啃什么吗？如果我们由此联想到人类也有自然所赋予的属性，如果我们能尊重一颗植物的种子按照大自然的规律发芽结果，为什么就不能像尊重植物那样去尊重人类呢？

因此，芭学园认为，大自然赋予孩子的自然发展规律就像孩子的脚，教育就是为这种自然规律所做的鞋子，必须适合于孩子的天然发展规律和孩子的天性。

如果一个造鞋的人，决心让穿鞋的人感到舒适，决心让自己的鞋帮助穿鞋人更好地走路，造鞋人就必须忘记自己的需要，转而去了解和感受那些穿鞋的人的感受和需要，因为造鞋人深知适合于脚的鞋子才是好鞋。

面对五个月的王宝宝，我们决不可以阻止他啃东西的行为，并尽可能不干涉他的自发探索，这才是适合于五个月孩子的教育。我们可以给王宝宝提供能让他的小手抓得住的安全物品，每天把这些物品清洗干净，给他适合的物品和数量不让他为了选择而太费心力，一周或两周后撤走他过于熟悉和已经不感兴趣物品中的三分之一，继续提供各种质地、各种形状的物品，这才是适合的教育，这才是"孩子是脚，教育是鞋"的教育理念。

芭学园认为，孩子就是那只有感受、有使命、有需求的脚，教育者就是给这样的脚造鞋的人。我们要造出适合于孩子的教育，就必须要忘我地感受孩子、了解孩子、研究教育，使我们成为有感受力、尊重孩子需要、能力高超的制鞋人。故此芭学园人管自己叫"芭鞋匠"，因为他们知道，"孩子是脚，教育是鞋"，自己就是那个制鞋的人，而这本《芭学园教育理念和经典课程》就是我们的《制鞋手册》。

## （二）

当您打开这本书的时候，幼教对您来说可能已经不止是一份要从事的职业，更是一份事业，值得热爱，值得钻研，值得终身去学习。在您将要看这本书之前，我想告诉您，如何看待这本书：第一，它所描述的教育还不完善，仍在生长，而且这种教育不完全是独创的，它融合创新了很多教育的精华，使之更适合于我们所面对的孩子；第二，这种教育并不见得适合于所有的孩子，所以在使用它时要根据所面对的孩子群体的不同加以改造；第三，这本书只是骨架式地展现芭学园所开展的教育，很多使得教育具有鲜活生命的内涵无法通过文字展现出来，所以书中描述的教育并不是芭学园教育的全部；第四，书中对芭学园的教育理念和教育方法的描述有很多漏洞，有待读者参与批评和完善。

但无论如何，打开这本书，说明您想要为您的孩子负责，也说明您想成为一位好老师，现在就让我们一起来探索怎样成为一位好老师，我们希望这本书能对您有一点帮助，并引发您和我们一起来完善这种教育。除此之外，希望这本书也能帮助到那些想办一所幼儿园的创业者，使他们能从芭学园的教育内容中获得参考和启示。

一种教育是不是能够最大可能地帮助和支持孩子的发展，不在于课程零碎的教育内容和方法，而在于我们怎样建构和组合它们，就像把一颗颗美丽的珠子穿在一起变成项链。面对同样的珠子，不同的人会串出不同的项链，但不管项链有多么不同，它们都将被用来装饰在人的脖子上。教育也是如此，不论教育理念怎样不同，其结果都是为了协助人类生活。芭学园虽然有很多教学内容与其他幼儿园一样，但我们认为更重要的是芭学园是如何使用这些零碎的教育内容，以及使用它们的目的是什么。所以，我们将芭学园的课程结构、教室环境以及教学原理在这里全部展示出来，期望获得同行和家长的支持与建议。

## （三）

现在大家看到的是这本书的第二版，第一版书稿于 2014 年出版。第二版在初版的基础上了增加了 1 万多字，对芭学园的课程设置进行了更详细的描述，也替换、添加了更多芭学园的最新照片。

因书稿容量有限，无法将芭学园的经典案例悉数呈现，因此在书内增加了若干二维码，来自芭学园的微信公众号——"李跃儿芭学园"上发布的帖子，经过挑选后放置于相关正文内容旁，希望读者可以借助这些帖子，看到更真实、丰富的芭学园教育场景。我也希望读者可以在正文旁的留白处写下你的思考与感悟，写就属于你的《制鞋手册》。

李跃儿

2018 年 4 月

# 第一章　教育理念说明

　　芭学园的教育目标是帮助孩子建构完整的人格，孩子所具有的人格元素越是完整，生存起来就越是容易，其实教育的本质就是协助人类更好地生存。

　　"易于生存"不只代表着竞争和获得生存资源。当人类文明发展到今天这种地步，"易于生存"还代表着能够适应社会，对人类具有建设性贡献，能够创造美好生活等意义。

# 一、我们需要教育理念吗

如果您是一位幼儿园老师，您可能常会听到家长在选择幼儿园时说：我喜欢你们幼儿园的理念，或者说：不喜欢哪所幼儿园的教育理念。但对很多幼儿园的老师来说，也许他们在一所幼儿园工作了很多年，仍不太了解自己幼儿园到底有一个怎样的理念，教育理念似乎是为了办幼儿园的人而设的。如果仅把幼儿园的工作当成一种职业，幼儿园老师真不用把理念搞得那么明确，因为设计教育的人，需要根据理念来设计环境、课程、教育方法，而老师只需把自己提升为一个能够操作这些课程的人就可以了。做好一位幼儿园老师，最重要的能力并不在于深刻理解自己所从事的教育工作背后的理念，更重要的是能否深入地了解孩子。尽管如此，我们还是希望老师能了解一点教育理念，因为了解教育理念能帮助老师理解自己的幼儿园为什么要求自己这样做，而不容许那样做。如果您对自己的要求是当一位很好的老师，那么就更需要方向的确定，以便可以放心去干活，而不是时刻担心自己的努力是否会适得其反。

　　作为一个办幼儿园的人，则必须了解理念，因为我们的努力需要有个方向，我们需要将全体教职人员的行动镶嵌在一个总体的计划中，这样我们才能知道我们所选择的教育是不是确定能够达到我们想要的目的，我们正在走的方向是否正确。因此，办幼儿园的人就有了对理念的需要。

　　所以，亲爱的朋友，请您耐心看完理念说明部分，这样您就会在阅读后面的局部内容时知道它们对于整体的意义是什么。

# 二、芭学园的教育理念

## （一）基础理论来源

　　芭学园的教育理念以中国古典哲学为指导思想，以西方发展心理学为依据来了解孩子的发展规律和人类物种的表现常识，保护儿童天性，保证在帮助孩子的前提下不破坏孩子的天然特质。

　　芭学园使用的是建构主义教育思想。建构主义教育是建立在发展心理学的基础之上的，我们强调这点是因为并不是所有的教育都建立在人类对自己研究的基础之上。建立在发展心理学的理论之上，意味着我们决心要尊重儿童自然的发展规律，我们相信儿童天生有自我教育和自我发展的能力，成人需要帮助儿童创造有利于儿童发展的环境。因为当儿童发展处于某个特定的时间内时，他们需要在成人的帮助之下才能继续朝着良性方向发展。儿童的成长环境和目标，都需要成人在尊重儿童天然个性和人权的基础上进行精心地设计和计划。成人对儿童要有期望和要求，但这个期望和要求一定是适合于儿童个体的需求，适合于人类的天然本质的。

芭学园的教育理念认为，人类虽然会自然成熟和发展，但自然的发展是否确实朝向适合于儿童所处的时代，是否确实具有社会性和朝向生存目的，这是不能肯定的。所以芭学园很注重成人对儿童所处的环境进行有目的的设计，对教育的内容进行有目的的组合。因为我们不认为将儿童完全交给时间、交给自然，儿童就肯定能获得良好的发展，并朝着建构起完整人格和易于生存的方向发展。

芭学园是基于应试教育的缺陷而创建的。如果想要儿童学习知识和技能，要会利用前人的知识与技能作为刺激，引发儿童思考和创造，在老师和儿童共同参与下完成课程过程，最后使每个不同的儿童得到不同的发展。芭学园的教育，指向儿童的个体人格建构的同时，注重儿童的社会性能力的良性发展、心理健康、对知识学习的热爱和创造潜能的保护。我们致力于还教育以本来面目——那就是协助人类生活，提升人类品质。

芭学园使用的是建构主义教育原理，建构主义教育与芭学园所选择的中国古典哲学观如出一辙，建构主义教育讲究在尊重被教育者的本性基础上，为儿童建构内在个人人格特质，为儿童建构起能够被使用和再生的道德系统、知识系统和技能系统。芭学园博采众教育模式中的优势课程和方法，遵循着中国古典的哲学观和教育理念的框架，综合多种教育的精华，加上芭学园教职员工的共同努力，形成了芭学园想要的并能够帮助芭学园孩子的教育体系。

## （二）教育内容来源

### 1. 教育的愿望

我们先要有一个愿望：我们想培养什么样的孩子？我们也要知道为什么会有这样的愿望。比如，芭学园的教育起始于创始人大李面对孩子成长过程产生的痛苦，在对这些痛苦的根源进行了解后，大李对孩子的处境产生了深深的不忍，于是开始不顾一切地想要寻找一种能够让孩子真正幸福成长，同时也成长得特别好的教育。

在艰难的探寻后，我们发现：

（1）孩子需要获得所有教育他们的人的理解，所有的教育者都必须非常深入地懂孩子。

（2）孩子需要获得所有跟他们一起生活的人的尊重，因为他们的行为、思维和生命形式是大自然的体现，如果不能得到尊重就会被破坏。

（3）孩子需要空间来发展成年人无法完全了解的那个属于个体、精神层面的"人"，如果他们得不到这样的空间，他们所要发展出的人类精神就无法完善。

（4）孩子需要得到所有教育者和养育者的关爱，只有具有了真正的爱，孩子才可能把力量和注意全部拿出来发展自己，否则他们的心力和注意力就会走向歧途。

（5）孩子必须在成年人的帮助之下，成长起完善的人格、健康的心理；成长起作为"人"的智慧胚芽；成长起良好的道德胚芽。

（6）孩子必须经由引领，对人类生活产生浓厚的兴趣，对人类生活所需要的知识和技能产生学习的热爱。

有了这样的发现和目标之后，我们就可以在世界范围内寻找适合我们愿望的教育。

## 2. 愿望支持下的探寻

我们国家有着非常雄厚的教育文化资源，我们看《大学》一开始就说"大学之道，在明明德，在亲民，在止于至善。知止而后有定，定而后能静；静而后能安；安而后能虑；虑而后能得。物有本末，事有终始。知所先后，则近道矣。古之欲明明德于天下者，先治其国；欲治其国者，先齐其家；欲齐其家者，先修其身；欲修其身者，先正其心；欲正其心者，先诚其意；欲诚其意者，先致其知；致知在格物。"人间圣师孔子及其弟子早已将人的教育的理念和方向说得很清楚了，我们所养育的孩子未来要朝着这个方向发展，我们要帮助孩子成长到能够在长大之后去接受这样的教育或者去做这样的教育。

再看《中庸》一开始就说"天命之谓性，率性之谓道，修道之谓教"，这正好符合我们想要的教育——懂得孩子、尊重孩子的自然天性，保护和发展孩子的自然天性。

而寻找到这条路并形成教育体系，真正使孩子受益，使这个理念落地就是"修道"，也就是"知所先后"，完善这种教育的过程就是"致知在格物"的过程。所以我们未费太大劲就找到了与我们愿望相符合的教育理念，然后就是理念的确定。

## 3. 理念的确定

古人早已为我们指明了教育之道，就是今天我们要寻找的教育，所以我们将《中庸》中的"天命之谓性，率性之谓道，修道之谓教"解释为芭学园的教育理念"孩子是脚，教育是鞋"，意味着教育只有适合了自己所面对的孩子才是好的教育，教育者只有在充分尊重孩子的前提下才能为每一个不同的孩子打造出那双恰到好处的人生之鞋。我们必须坚定地站在孩子的立场上去做教育，做到这一点就是教育者所修的"道"。

找到了孩子的"天命"是什么之后，我们就必须考虑如何来率这个"天命"的性。作为幼儿教育者的我们必须站在人类自然发展规律的基础上来设计这个率性的教育的教学环境和教育内容，然后把这个设计完全落地的过程就是教育者"修道"的过程。

先来看看我们寻找到的属于孩子的"天命之性"具体是什么，图一是一幅大脑能量示意图，我们的大脑就是以这样的情景在为我们服务。

图二是一幅人类神经元的示意图，在儿童还没出生时，他们的神经元的连接很少，一旦出生后，由于环境的影响，神经元就会飞速发展并相互连接。

大家知道，神经元的树突连接的模式，决定着这个人和那个人的精神层面的差异。一个人这一生用怎样的方式思考，喜欢什么不喜欢什么，对什么有专长、对什么感到

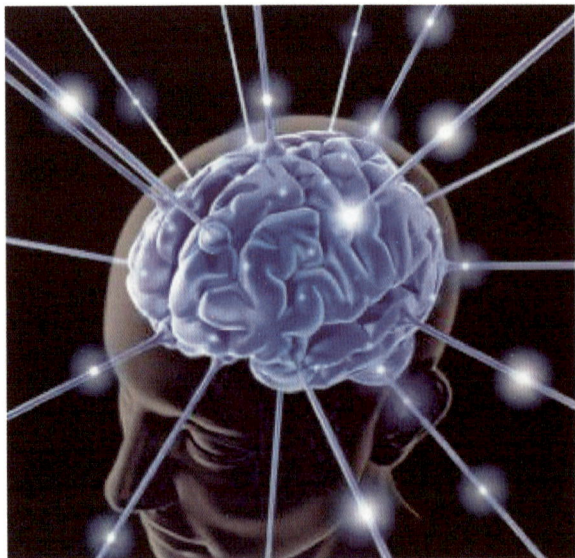

图一

芭学园的教育是为孩子建构起：尽可能丰富的人类基本生活的心智结构。

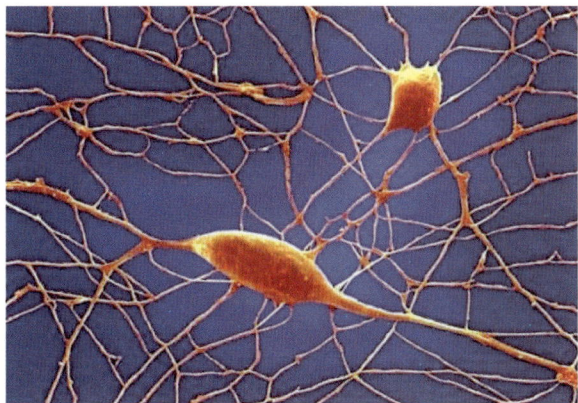

图二

儿童在出生后，由于环境的影响，
神经元会飞速发展并相互连接。

无能为力，大部分是由神经元连接的模式决定的。我们把这种模式叫心智模式。儿童的这些模式建构成什么样，将来就是一个什么样的人。

试想，我们把一些在音乐世家长大的孩子突然放在军事的环境中，并要求他们对军事活动有良好的感觉和理解，继而能够热情地参与其中，可能大多数孩子都会出现不感兴趣和不理解的情况。这是由于音乐世家长大的孩子在心智结构中缺少军事的元素，所以他们无法很好地与军事活动共鸣。不能共鸣，也就不能处理环境中的信息，环境就很难对他们产生帮助作用，这样的环境也就不能被音乐世家的孩子所利用。这种情况就叫不适应。

在幼儿园中，我们会发现，绝大多数和成人在一起长大的孩子，进入幼儿园之后，不适应与其他孩子的交往。这些孩子不容易对其他孩子的行为和活动产生共鸣，但他们很容易对成年人的活动产生共鸣。于是他们见了孩子就像见了怪物一样害怕或漠不关心，见了成年人却会一下扑上去，立刻跟他们互动起来。这就是因为他们的心智结构只有与成人互动的模式，所以他们很容易与成人共鸣。由

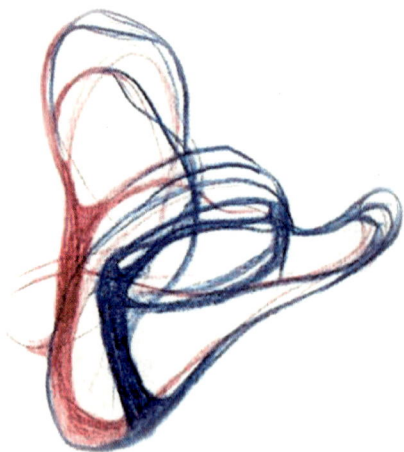

**图三**

假设这是一个在充满音乐元素的家庭中长大的孩子的神经元连接起来的模式，在这个家庭环境中一点军事的元素也没有。

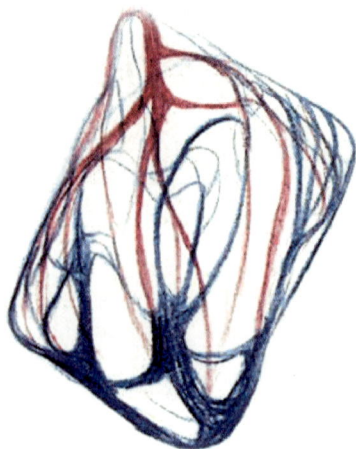

**图四**

假设这是一个在以军事生活为主的家庭中长大的孩子，在这个家庭中一点音乐的元素也没有。

于他们的心智结构与其他孩子有太多不同，使得他们无法与其他孩子产生共鸣。因此，这样的孩子在进入幼儿园后显得很难适应群体。

我们再看下面的图示。

如图五所示：我们用一个图形来代表孩子所建构起来的心智模式，假如孩子的成长环境很单一，孩子的心智模式被建构成图中间的那个方形，在未来的生活中，孩子就可能只会对带有直线和拐角的元素有共鸣。也就是说孩子很容易处理来自直线和拐角的信息，对弧形的环境信息就会感到不适应，这就意味着孩子对来自弧形环境的信息不能很好地被利用。

如图六所示，如果我们给孩子提供的环境具有丰富的元素，那么，孩子就会对所有的环境元素产生共鸣，这样的模式比起前一个只有方形的模式来说适应空间就更大一些。

**图五**

在一个单一的成长环境中，孩子容易处理来自直线和拐角的信息，却无法利用弧形的环境信息。

**图六**

如果我们给孩子提供的环境具有丰富的元素，孩子对环境元素能产生更大共鸣。

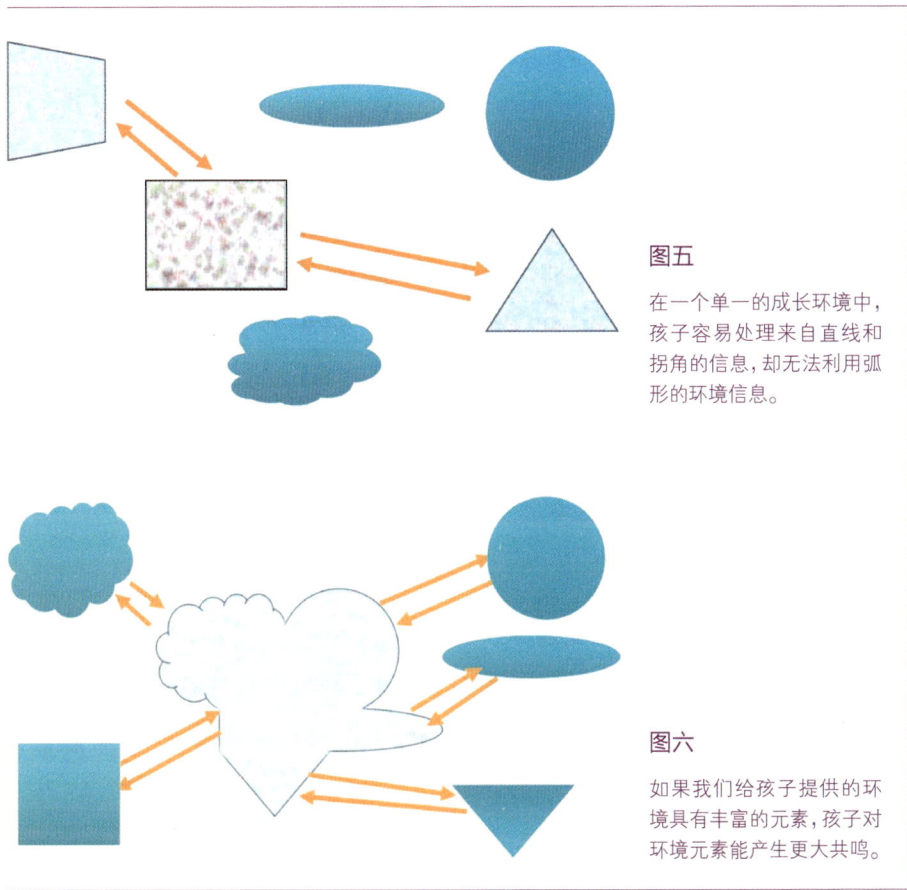

我们知道人类的生活是有一个基本范畴的，如果孩子在童年时期接触过人类生活的基本范畴，他就会对这些基本范畴中的所有元素产生共鸣。这也就意味着他们能够处理所有来自人类基本生活的环境信息，并使自己利用这些信息而获得发展。

基于这样的观点，芭学园选择了适合于自己面对的儿童群体的教育内容。

下面我们将用两张图解释芭学园是如何分析园内孩子，并为他们设计所需要的教育内容的。首先，我们对芭学园孩子的长辈所受的教育和文化进行分析，得出图七所示内容。

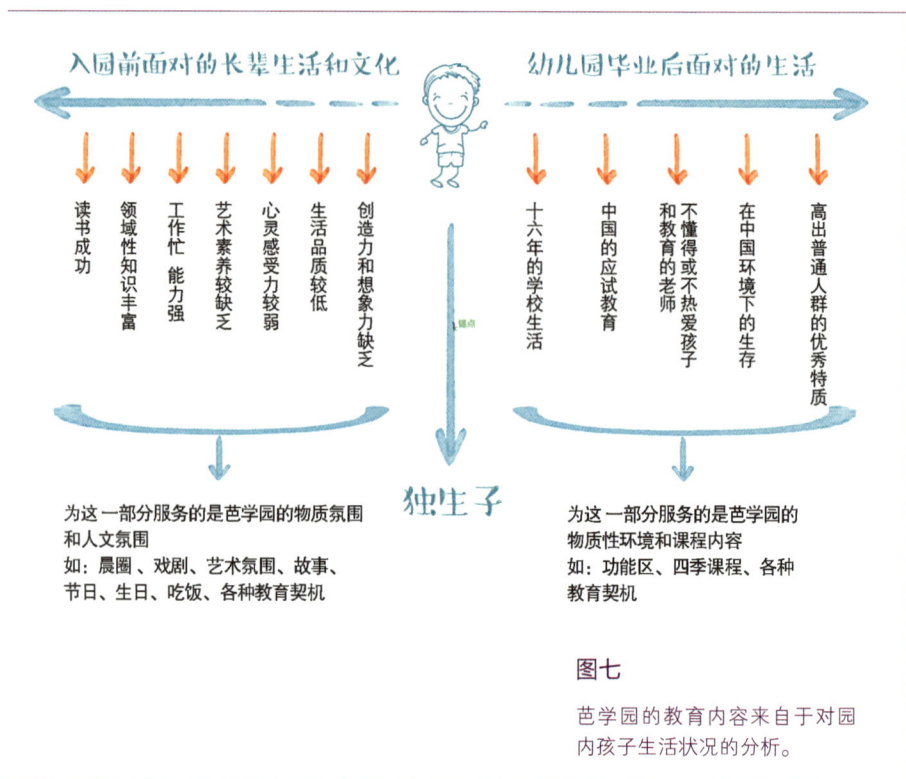

入园前面对的长辈生活和文化　　　　幼儿园毕业后面对的生活

读书成功
领域性知识丰富
工作忙、能力强
艺术素养较缺乏
心灵感受力较弱
生活品质较低
创造力和想象力缺乏

重点

十六年的学校生活
中国的应试教育
不懂得或不热爱孩子和教育的老师
在中国环境下的生存
高出普通人群的优秀特质

独生子

为这一部分服务的是芭学园的物质氛围和人文氛围
如：晨圈、戏剧、艺术氛围、故事、节日、生日、吃饭、各种教育契机

为这一部分服务的是芭学园的物质性环境和课程内容
如：功能区、四季课程、各种教育契机

图七

芭学园的教育内容来自于对园内孩子生活状况的分析。

**4. 对芭学园孩子的父辈和祖辈进行分析，发现他们具有以下文化和教育特质（图七中的左侧）：**

（1）读书成功。孩子的爸爸妈妈或爷爷奶奶辈本身就很在意读书，大多数人因为读书成功而获得了满意的生活条件。

（2）领域性知识丰富。他们在自己所从事的领域中，知识经验很丰富。

（3）工作忙、能力强。这些家长在他们工作的岗位上能力很强，能为自己期望的生活提供物质条件保障。

（4）艺术素养较缺乏。芭学园的家长群体，大多数是理科背景出身，由于接触艺术和文化生活比较少，所以他们的艺术素养比较缺乏，这使得他们对孩子的感受力也比较缺乏，生活趣味的营造能力相对较差。

（5）心灵感受力较弱。由于过多使用大脑，他们的心灵感受力也比较差。

（6）生活品质较低：由于他们工作忙，感受力差，缺乏艺术素养，随意创造美好生活的能力不足，所以生活质量不是很高。

（7）创造力和想象力缺乏。他们大都像机器一样工作，所以想象力和创造力都不足以支持孩子去进行创造和想象的活动。

针对孩子这样的家庭背景和文化背景，我们在课程中设计了以下部分：

（1）富有人文氛围的教学环境。

（2）带有强烈文化和艺术内涵的晨圈活动。

（3）带有艺术和文学内涵的故事活动。

（4）优美和充满艺术文化气息的节日活动。

（5）生日，生活中的细节，如吃饭的氛围和美好感受。

（6）在日常教学生活中的每一次艺术和文化感受的机会。

**5. 对芭学园孩子将来所要面对的生活任务进行分析（图七中的右侧），发现以下可能出现的生活内容：**

（1）十六年学校生活。从芭学园毕业后，他们将面对至少十六年的学校生活，芭学园的教育必须为他们这十六年的学校生活做准备。

（2）中国的应试教育。孩子从芭学园毕业后可能要面对中国的应试教育。

（3）不懂得或不热爱孩子和教育的老师。在芭学园孩子未来所选择的学校中，有可能会遇到不懂孩子和不爱孩子的老师，在这样的情况下孩子会受到不好的对待。

（4）中国环境下生存：我们的孩子大学毕业后有可能在中国的社会环境中生存。

（5）高出普通人群的优秀特质。我们努力的目标是希望我们的孩子比我们过得好。

芭学园的物质环境都是有明确功能的，而这些功能一定朝向孩子未来所面对的任务。为了支持孩子具有能够面对自己将来生活任务的能力，芭学园为孩子设计了四季课程。为了应对六岁之后的应试教育，芭学园为孩子准备了幼小衔接课程。

鉴于对芭学园孩子将要承载的生活任务的分析，芭学园的课程包含如图八所示的教育元素。

如图八所示，如果我们将人类生活的基本内容微缩打包，设置成为孩子可使用的环境材料，也就是让它们变成孩子的玩具，让孩子按照自己的个性、生活经验及爱好自

**图八**

芭学园将人类生活的基本内容
微缩打包成为丰富的课程内容。

由选择，他们的发展取向就会朝着生活及生存的方向，就会在人类生活的范畴内尽可能建构起一个丰富的心智结构，使孩子的适应力能涉及人类生活尽可能多的领域。

## （三）教育内容提炼

综合起来，经由以上的教育理念所产生的教育内容如下：

### 1. 六大本质

芭学园的教育内容可以归纳为六方面的本质：

（1）社会的本质。

（2）心灵的本质。

（3）健体的本质。

（4）学习的本质。

（5）生活的本质。

（6）建设的本质。

所有教育内容的设计最终是为了实现以下教育功能。

### 2. 三个教育功能

（1）帮助孩子建构起道德自律和心理健康的人格特质。

（2）帮助孩子建构起智力自主的思维模式。

（3）帮助孩子建构起自利利他的基本生活能力。

这三项终极教育功能又可以细化为以下 15 项教育目标。

### 3. 十五项教育目标

（1）使孩子成为他自己。

（2）使孩子具有完善的人格和健康的心理。

（3）使孩子成为具有感受力的人。

（4）让孩子建立对人类有益的审美观。

（5）保护孩子天然的探索精神和尝试的欲望。

（6）保护孩子对工作的天然热爱。

（7）保护孩子的质疑能力和解决疑惑的能力。

（8）帮助孩子建构起自己解决问题的习惯。

（9）帮助孩子建构起对人类文化和大自然深深的敬畏。

（10）让孩子站在自主（不是被奖励和惩罚驱动）的立场上进行选择和判断。

（11）帮助孩子发展对群体的兴趣和良好的社会性能力。

（12）帮助孩子发展进入主流教育的适应能力。

（13）帮助孩子发展适应环境的能力。

（14）帮助孩子建构起崇尚真理、坚守原则的人格特质。

（15）帮助孩子发展抗冲突的能力。

下面我们来仔细地解释这些教育目标的具体含义。

# 三、芭学园的教育目标

芭学园教育主要帮助孩子进行三个方面的建构，使孩子具有完整的人格和易于生存的基础能力：

## （一）帮助孩子建构起道德自律和心理健康的人格特质

芭学园不以上课、说教的形式进行品德教育，而是将孩子在生活中遇到的事情作为教育机会。当事情发生后，让孩子根据相关后果自己做判断，在自己判断的基础上，让孩子根据自己的需要控制自己的行为，知道为什么这一行为比另一行为更加可取。其个人是否采取良好行为并不取决于他人（权威）是否在场，而取决于自己内心的信念和判断。

## 案例：包包的小汽车

一天，三岁男孩包包来芭学园时带来了自己的小汽车，这是昨晚爸爸带他去超市买的。由于不能确定家里买的玩具是否符合芭学园的教育要求，芭学园不容许孩子在来园时带来家里的大型玩具，于是老师就要求代为保管包包的小汽车。包包很难过，但还是遵守原则，同意由老师暂时保管，但他提出一个要求：把车放在自己的背包里，老师想了想同意了。

在自由工作的时间，走廊里突然传出了吵闹声。老师跑过去一看，包包的手正被另一个四岁男孩小山子抓着，包包哭喊着拼命往小山子身上扑，小山子大声向老师求救，老师跑过去抓住包包的手，这时包包的手还呈鹰爪状。

小山子气弱地说："我是不小心的，它的车头很不结实……"

包包仇恨地瞪着眼睛，还在拼命地往小山子跟前扑。老师看到包包的宝贝小汽车躺在地上，已经"身首分离"，这让包包怎么能受得了。老师并没有责怪孩子的意思，反而懊恼自己不该同意包包把车放在他自己的包里的要求。老师认为包包才三岁多，怎么能经得住不玩小汽车的诱惑，但事情已经发生了，就只好将计就计把这次冲突作为一次孩子成长的教育机会。

老师把两个孩子带到教室的沙发上，手里拿着那辆可怜的小汽车。

她让两个孩子并排坐在沙发上，自己蹲在孩子的对面，这样有利于两个孩子都能看到她的神情，也有利于孩子和好后的互动。

老师先问包包："包包，小山子是怎么知道你的包里有车的？"小山子马上抢着说："是他要给我看的！"老师压了一下小山子的手说，"我想请包包先说。"老师是想通过这个机会让两个孩子都能回顾自己当初的动机和意图，以便发现后来事情有了怎样的变化及其原因，通过这个过程，使孩子了解自己和他人，由此判断自己该怎样选择恰当的行为。

老师再一次问包包："包包，你能告诉我小山子是怎么知道你的包里有车的吗？"包包带着情绪，艰难地叙述起来："我只想让他看看，没想让他弄坏，但是他把车头给弄坏了。"说着包包又伤心地哭起来，老师把包包搂在怀里安抚了一下，然后让他们重新坐好。当时老师差点忍不住笑场，看来包包认为小山子是故意把他的车弄坏的。如果我们人类都把别人无意间犯的错误当成是有意的，那这个世界将会变得越来越丑恶。

老师想通过小山子的叙述让包包发现小山子的意图是不是跟他理解的一样，于是问小山子："小山子，你是怎么把包包的车弄坏了的？"

如果老师问小山子是不是故意的，他一定会说不是，包包就会去证实小山子是故意的，两个人会重新吵起来，这样反而会增加两个人对对方的敌意。老师这样问没有偏向性的暗示，只带来了让孩子描述事件过程的机会，包包会通过小山子的描述，判断出小山子是不是故意把他的车弄坏的。小山子说："包包，对不起，我只想看看你的车是不是像我爸爸从美国给我买的车那样，头可以转过来，还可以卸下来，在这里有个按钮，一按车头就和车厢分开了……"小山子忘情地描述着自己的车，包包也听入迷了，好像忘了自己坐在这里是干什么的。等小山子说完，包包大声地说："我爸爸也去过美国，也会给我买那样的车！"说完孩子气地把双臂抱在胸前。

　　这就说跑了题，老师还得把他们拉回来，否则就不能达到这次谈话的目的。老师对包包说："包包，你听见小山子说，他是想看看你的车是不是跟他的车一样，不小心弄坏了你的车，他也对你说了对不起。"这时包包很伤心地说："可是……可是我的车坏了。"是啊，老师也明白，在这件事上只说对不起是不能解决问题的。

　　这次谈话的前半节顺利完成了，老师马上开始了后半节的内容。

　　老师问他们俩："现在车坏了，我们打算怎么办？"包包突然兴奋地说："可以用胶粘起来。"似乎粘车比不把车弄坏还让他兴奋。老师被孩子感动了，真是"人之初，性本善"啊。老师又问小山子："小山子，有别的好办法吗？"小山子说："如果粘不好，我家里还有一个车，我就拿来给他好了。"包包这时完全没有情绪了。老师又接着问："还有什么好办法吗？"小山子说："还可以跟妈妈要钱给他再买一个。"老师说："跟妈妈要的钱是妈妈工作挣来的，你把包包的车不小心弄坏了，跟妈妈要钱，就好像是妈妈弄坏了包包的车。"说完又接着问，"还可以怎样弄到钱呢？"小山子说："还可以跟爸爸要。"看来孩子还小，无法强行灌输给他们"自己挣钱给包包买车"这样的想法，所以老师放弃了。

　　接下来老师领着两个孩子去粘车。在粘车时两个孩子都加入到抹胶、扶车头和车厢等工作中，其间老师问小山子："下次在看别人的东西时怎样才能不弄坏？"小山子说："可以轻轻掰一下，不要使劲掰。"老师又问包包："车弄坏了，你打小山子能不能把车打好？"老师演绎："啊，我的车坏了，我的车坏了，我打我打，打打……咦？我一打他我的车头就自己变好了。"两个孩子都被老师逗乐了。老师知道，孩子解决问题的能力和自我控制力不会通过这一件事就建构起来，但有人持续这样帮助孩子，孩子的自律一定能建构起来。

## （二）帮助孩子建构起智力自主的思维模式

使孩子在一生的生活中，都会综合相关因素之后做出判断，以此决定自己的发展和学习，以及生活和行动的具体内涵，而不是因为需要获得奖励或避免惩罚来做出决定和获得结果。

### 案例：一堂美术课

三月中旬，到了欣赏课的时间，老师带着电脑，打开了梵高的《夜晚的星空》，还有几个家长在听课。上课的笛声刚停，老师问孩子们："天是什么颜色？"孩子们想都没想，一起回答："蓝的。"

这是人们对天空的刻板印象，孩子在童年的时候，如果对所有的事物都使用这样的刻板概念，那么他们就不会再去观察探索。也不用再创造新的表达语言，一切按旧的概念、旧的套路进行即可。那样，人类就不会再前进，更重要的是人就失去了人的特质。

老师看了一眼外面灰蒙蒙的天空说："请大家看一下窗外的天空，你们认为它是什么颜色？"孩子们都扭头去看了，看后回答说："是白的。"老师接着说："有谁能说一下天为什么是白的吗？"

孩子们踊跃地举手。多多说："是因为有一层薄薄的云。"一夫站起来说："是因为日本核电站爆炸冒的白烟。"这些天，电视、网络、大人的嘴里都是这样的内容，他当然会这样认为。大多数孩子也认为天变成白色跟日本核电站有关，其中一个小男孩还把爆炸的来龙去脉讲得非常仔细。老师问还有没有不同看法，一个男孩高高举起了手，说他发现天空早晨是蓝的，下午是白的。

在这里，老师引领孩子们通过观察、证实后讲出自己的观点，虽然大家都发现了"天不是蓝的"这个事实，但对于"天为什么不是蓝的"的解释却各有不同。孩子们运用了自己的经验，自行对所获信息进行加工，有了自己的思考、表达。最关键的是，他们不是按照某人制定的模式和老师教给他们的几种方式去思考，也不是基于老师要求的正确答案的方向来回答，而是根据自己的个性和文化背景进行创造性地思考，然后产生了属于自己的思考结果。在这时，他们的智力是自主的。

老师接着往下进行，说："有一次我去旅游，在夜晚时爬上了一座山，我看到的天空是这样的——"老师用很浓重的蓝色在贴在黑板的纸上画出了夜晚的蓝天。老师说："我还看到面前有一棵树，因为没有阳光，树显得很黑。"老师故意把自己看到的天空画得平平的，在树上画了树干，树干上很俗地点上了一个一个的"叶子"。老师说："那天天上的星星可真亮啊，它们发着光。"

这时老师在纸上画上了一个五角星，问孩子们："天上的星星是不是每一个都是五角的？"孩子们笑了，他们说不是。老师又接着画上一个像金块一样金黄色的物体，还在它的一侧画上光亮的部分。老师指着自己画的星星说："这像夜晚天上的星星吗？"孩子们说不像。老师说："对，这是因为它没有发光。"于是老师又在那颗星星周围画上四射的光芒。孩子们又笑了，他们告诉老师："老师，还是不行，那就像太阳了。"

老师又用排除的方法，把一些概念性的表达模式从孩子的认知中排除掉，但这个过程不是老师告诉孩子这样画星星不行，而是让孩子自己发现那样表达为什么不好。

老师再往下进行——老师装作愁死了的样子，拿来了电脑说："梵高也在夜晚爬上了这样的一个山头，他也画了他看到的天空、树和星星，看，这是他画的。"

被老师吊足了胃口的孩子们当然抢着看了。看时就有人说喜欢老师画的夜空（老师在讲自己看到的夜空时故意画了一幅与梵高的夜空不一样的画），不喜欢梵高的。是啊，梵高的美是超凡脱俗的，对于还在认识这个世界真实面貌的五岁孩子来说，"像"才是好的。老师这样想着回到讲台，对孩子们说："大家觉得老师的星空好看，还是梵高画的星空好看？你喜欢谁的？"

有一大半人说喜欢梵高，有几个人说喜欢老师的，老师真没想到有那么多喜欢梵高的。这时有孩子大声说："举手表决，喜欢梵高的人举手。"哗！手举起了一片。当时老师还不确定他们是真觉得梵高的画好，还是在闹着玩的。在他们表决完后，老师说："有人愿意说一下自己为什么喜欢梵高吗？"

图九

大李给孩子们上美术课。

一个孩子站起来说："梵高的画很有力量。"马上有老师的支持者说梵高的画挺吓人的，让他们害怕。老师要使孩子们欣赏梵高，就不能让孩子们害怕梵高的画，老师这时又担心"不喜欢"的言论会影响大多数孩子的看法。孩子们争论了起来，但是老师发现喜欢梵高的人一点都没有因为别人的看法而改变，大家吵成一片。老师特想听听他们对这两张画的感受，于是呼吁大家一个个来说。

经过争论，坚持喜欢梵高的人还是占多数。

有一个男孩说："我喜欢梵高，因为他的天空好像能看出有风。"天哪，老师在心里惊呼着。这证明孩子们明确知道自己喜欢还是不喜欢，不是随大溜，而且他们表达得这么清楚。

这时，一个老师的支持者说："我喜欢老师的，因为老师的画画得特好看。"是啊，老师的天空平平的，树长着树叶，像一棵假树，整个画面是那种童话味十足的感觉。有几个女孩坚持喜欢老师的画，老师也很高兴，并不因为老师想让他们喜欢梵高而不停地动员他们。

一个梵高的支持者着急地说："梵高的画很丰富，天空是旋转的，星星也是旋转的，树像精灵的头发。"另一个女孩说："梵高的树像用微波炉烤焦的城堡。"

我们感叹，孩子们能创造出这样的词汇来表达自己的感受，真是了不起！

不喜欢梵高的孩子说梵高的树像女巫的头发，喜欢梵高的说像精灵的头发——反正都不是人的。

无论如何，孩子们不但能感受到梵高的画，而且他们是真的喜欢这张看上去很不一般的夜空。

不管喜欢不喜欢，他们都在感受，都在觉知自己的感受，都在与大师共鸣沟通，孩子们的心灵获得了滋养。他们在这节课上认识了梵高，他们用自己自主的智力在课堂上进行人与人之间的真正沟通和互动，而不是基于对老师的正确答案的猜测来回答老师的问题，他们用自己自主的智力圆满地完成了这节课的内容。

## （三）帮助孩子建构起自利利他的基本生活能力

人类创造了教育，主要是为了协助人类更好地适应将要开始的生活，如果教育不再起到协助人类生活的作用，只是一味地遵循前人留下来的模式不敢改变，教育只成为教育者的作品和职业，那么教育对孩子来说可能是灾难。因此，芭学园很注重孩子基本生活能力的发展，如：解决问题的能力、抗挫折能力、各种生活技能和生活常识，还有孩子对自己能力的良好认识（自信）、自尊、尊重他人、有爱（爱自己、爱他人、爱团队、爱环境、爱自然）。在为孩子建构这些能力时，芭学园不是用教的方式，而是在真实的生活过程中完成的。

### 案例：芭学园的野外生存

两天一夜的野外生存，我学到了好多

学前班在十月份将开展野外生存活动，老师总觉得这一届孩子似乎比往届更斯文一些，很担心给孩子们的内容会被他们拒绝。那天，学前班的孩子们一到目的地就兴奋得满院子跑。

下午的课程是挑战自己。吃完了饭，稍事休息，大家就要出发了。老师需要先做战前动员，在芭学园，老师在教室的说话声不会超过孩子的声音。老师对孩子们提出要求时，是身教重于言传的，用行动去解决孩子们的问题，帮助他们进入群体活动。老师们不用号召式的语言要求，而是让孩子们自己发现群体行为，自己跟从群体。

到了学前班就不一样了，为了培养孩子与主流学校接轨的习惯，老师每天会用语言对他们提出一些要求。今天，孩子们排成一队，老师像部队首长一样站在他们面前对他们讲话。

老师说："咱们马上要去挑战自己。"有孩子问："老师，什么是挑战自己？"老师说："就是要做一些比平时更难的事情，而且要做成功。"他们问："那是什么事呢？"老师说："挑战自己就是做比我们平常吃饭、玩耍更难一些的事情。可能会累，可能会有困难，可能会遇到麻烦，但是我们都要去克服它，一直达到我们要到的那个地方。我们要走很长的路，还要爬上一座山，山上的路几乎都被草盖住了，有时树枝还会挡住我们的路。我们要爬到山中间的一块大石头那里，那是我们的目的地，这是很困难的一次挑战。"

老师是想说得难一点，让孩子们有个心理准备，也想使他们想象一下，这样到了现实中，他们就会产生审视、比较和评价。这就是人的心理活动，孩子需要有心理成长的机会。

老师说："愿意战胜这个挑战的人请举手。"当然孩子们的手都高高地举起了。人之初，性本善，孩子永远是这样，他们总是会善意地配合你。

接着老师就提出要求："我们将通过村子，在通过村子时，我们要排成一队，在所有人当中只有大李老师认识路，所以大李老师今天担任向导，走在最前面，向导就是带路的人。到了树林里，草非常高，如果你一个人钻进去，大家都没看到你，结果你也看不到大家，等你出来找不到大家了，那你就走丢了。"

"怎么才能不走丢呢？"孩子们抢着发言，老师只好举起一只手等大家都安静了，说："大家一起说，谁也听不到谁说什么。"有孩子马上提议："一个人说完，另一个人再说。"老师说："好，谁要发言，就举起手，我们大家轮流发言。"这时大家都闭上了嘴，高高地举起了手，孩子们从前往后轮流发言。

老师从这样的生活细节入手，一点一滴地培养孩子们如何在团队中达成共识，如何组织话题和讨论，确保团队能够正确有效地前进。这种能力不是只有将来当了学生干部的孩子才有机会练习，每个孩子都应该有认知和练习的机会。

第一个孩子说："不要钻进草里去，草里还有蛇。"老师点头说："嗯，可能会有。"第二个孩子说："我们可以排着队，一个跟一个就不会丢了。"老师说："我们可以试试，但在一片像伊甸园一样美丽的果园里，我不想排着队。"第三个孩子说："我们跟着大李。"这正是老师想要的，于是老师说："我同意，大家可以自由前进，但一定要能看到大李，大家都同意吗？"孩子们不假思索地说："同意！"于是大李老师在前面，孩子们跟在后面开始了我们的挑战旅行。

大李对这之后的探险有如下记录：

**图十**

在为孩子建构起自利利他的基本生活能力时，芭学园不是用教的方式，而是在真实的生活过程中完成的。

过村子时，老师们排在队伍的两边，担心有孩子会突然跑向路对面。老师们分了工，每人盯着队伍的一小段。这是一个旅游村，村里不时会有汽车开进来，所以穿过村子时，孩子们要排着队走。

这是一个现在少有的具有"村味"的村庄，我带孩子们来这里，是想让孩子们感受一下人类的另一种群居方式。

村里有一条街道，街道两边都住着村民，人们在农闲时会聚在街上三三两两地闲谈。街上有几个摊贩，卖一些水果和小菜，都是村民自己种的。我最喜欢的是在村的西面有一片柿子林，一条幽深的小土路蜿蜒在高大的柿子树丛里，路两面蒿草长得有一人多高，有时眼前会突然冒出一片开着白花的野草滩，如果有一点小风，小白花星星点点地摇动，真能把人看醉了。

这个季节，枝头挂满了柿子，路边还有很好吃的枣子。常有从树上落下来的柿子，捡起来就可以吃。那是市场上多高的价格都买不到的美味柿子，好吃极了。自从吃了那些捡来的柿子之后，一吃街上买来的柿子我就会感到很失望。我喜欢看着孩子们像小野生动物一样，在田园牧歌式的林中觅食。当他们见到柿子时，先问你能不能吃，在得到肯定的答复后，就站在原地从柿子中间啃下去。这种吃法好处是不会吃到柿子边上的脏东西，坏处是吃完这个柿子后，他们的脸上肯定是很难处理的。不知怎么的，我也很享受他们的脸糊得花花的样子，当嘴巴周围都糊上黄兮兮的柿子时，他们就已经消灭了自己的战利品。那时候，他们的眼睛就像小灯笼似的，傻傻的、黑黑的，可爱得不得了。他们这辈子可能再不会有多少次机会，和一大群同伴在一起，无所顾忌地在野地里享受觅食的快乐。

到达林子之前我们必须得穿过这个村子。村子里有一个男人就在街边搭着锅台，烧着柴火做饭吃。孩子们路过他的门前，闻到了炊烟的味道，于是大叫："大李，着火了！"这个味道带有我童年的记忆，对我来说它像诗一样美好。我知道这个在街边做饭的人，是这个村少有的贫穷的人。但每次来我都希望他还在，并且在做饭。这一天孩子们运气很好，路过他家门口时，他正好在做饭。我很高兴，不过有孩子没注意到炊烟，于是我大声地向孩子们说："看，这就是乡村，现在我们闻到的是村民做饭的味道，他锅台后面冒出的烟就是炊烟。"我希望至少孩子们将来读到唐诗、宋词，遇到炊烟这个词时，他们能回忆起这种特有的味道，并想起他们美好的童年，不论当时遇到什么，他们的心由此被滋养了一下。

过了单身男人的家，没想到孩子们不议论炊烟，却大张旗鼓地议论起我来了。有的说，大李是导游，有的说是向导，随即争执起来，最后一致的看法是，向导就是导游。

我晕——我又失败了一把：为了不想失去这次我自己感兴趣的炊烟，我太过分地吸引孩子们的注意，结果，他们没怎么注意炊烟，却注意起了介绍炊烟的我。我在心里吐着舌头，骂着自己，好在，他们已经大一些了，不然我这招教育的败笔可真叫人害羞。事已至此，我只好停下来，宣布我是向导，向导是带路的，比导游要更酷一点，向导有时不管介绍风景，要游客自己去感受，游客不问他们，他们不会主动给游客介绍。

偷偷乐一下，我刚才有点把自己当导游了，所以孩子们马上就产生了质疑。

"大部队"穿过村子。在进入树林前，我又一次停下来，履行我作为向导的职责，我对孩子们说："现在可以不用排队了，大家刚才达成了共识，跑得再远都要保证看得到大李。另外，路边的枣子是村民种的，我们不能随便摘，树上的柿子也不能随便摘，但如果有果树的主人在，我们

图十一

孩子们行动中出现的问题才是这次野外生存的课程内容。

可以经他们同意，摘一些给爸爸妈妈带回去作为礼物。我们可以花钱买他们的枣和柿子。"孩子们都有很好的审美观，看到像画一样的树林，一个个脖子伸着，早就耐不住了。在这种情况下，我知道我的宣告没几个人能听得进去，虽然他们都说已经明白了。

孩子们行动中出现的问题才是我们此行的课程内容，其实我很期待他们将要送给我的课程。在我的经验里，一般这些课程都好玩极了。队伍已解散，孩子们散在了那条林中土路上，前面的孩子很快就跑得不见了踪影。在这条路的中间部分，有一个树杈似的三岔路口，一条是通向我们要爬的那个山脚的，一条是通向一家果农的园子。前面的一群孩子和老师义无反顾地朝那条"错误"的路上跑去，他们是那样自信，想都不想，更别说回头问一下向导了，花花绿绿的一群人一股脑地涌上了那条错路。

看着他们战线拉得那么长，我心想做出完美的课程的机会来了。我对走在最后的孩子和老师说："请向前面传话——那条不是上山的路，请大家退回来。"我紧跑几步，站在那个岔路口的前面，那是一个很好的位置——如果我刚才错过了时机，让所有的孩子都走得太远，就没有孩子帮我传话，那我只能去追他们，可能要追到路的尽头，到时候我站在那里便无法让孩子们看到这个岔路，无法利用这个"现实地图"让孩子们回顾、总结关于岔路的处理，还有向导的利用，我得用嘴巴去描述这个岔路，这样就很容易把"参与式课程"上成了"讲述式课程"。不久后，我就听到，远处走在最前面的孩子，到了路尽头，在那里向后面的队伍大喊："没路了！"后面的孩子先得到了"真理"，同时大声朝前喊："路走错了，赶快退回来！"甚至还有的很紧急地跑到前面，去帮助那些可能听不到传话的同伴，孩子的团队精神不是那种思考的结果，是纯自然的。你会感到他们之间的关系像兄弟姐妹一样，是那种骨子里透出来的亲情和关心。有点像电视剧《士兵突击》里的战友：毫不客气，但很在意彼此。此刻我的心也被他们滋养了，幸福的暖流在身体里流淌着，当时我是那么地想唱歌。

而此时，孩子们已经认识到"走错路"的事实，队伍严肃紧张的气氛已经形成，教育的机会到了。我先让自己平静下来，安稳地站在岔路口等他们退回来。我对先来的孩子宣布："我们要在这里开个会。"听到要开会，马上又有孩子跑回去通知远处正在退回的孩子和老师："我们要开会，在大李那里。"等所有的人都到齐了，我说："我们开会吧。刚才大家对于我们走的路有什么发现？"又是一片嚷嚷声，有的举着手，有的直接在说。我对举手的孩子说："大李看到你们用举手表示要发言。"这时其他孩子也举起了手。看看几乎所有的人都举着手，我们决定从一头开始轮流发言，当孩子们出现很多人抢一个东西时，"轮流"是最好的办法——这能让孩子学会等待，同时也让他们有安全感，每个人都知道会有自己的份，因此他们也不会着急和焦虑。

第一个孩子说："我们走错路了。"我说："对，我们走错路了。"我接着说："大家还发现了什么？"第二个孩子认真地指着刚才去的方向说："前面是死路。"我说："嗯，走不通的路，有人管它叫死路。"我请第三个孩子发言，她说："我们看不到大李了。"我说："是，只有大李知道怎样走才能到我们要去的地方，所以大李是向导，是给大家带路的。"……

孩子们总结得很好，但我还得把话题引到以后我们怎样避免错误的讨论中去。我说："我发现很多路不是直直的一条，经常会像这样有个岔路（这时我让孩子看我们刚走过的岔路），一条通向那边，一条通向这边，如果我们不知道走哪条路，到了这样的岔路口，我们该怎么办？"有的孩子说等向导，有的说找人问问，有的说我们可以带个地图自己看看。到此我很满意，所有可用的方法都被孩子们说到了，这课还真不用老师讲。

该再深入进行讨论了，我接着引导："这个地方没有地图，也许有，但我们现在手里没有。再往前可能还有岔路，而且也许下次岔路通向很远的地方，如果一直走下去，我们不知会走到哪里。"有反应快的孩子已经在喊："我知道，我们要在能看见大李的地方，如果跑得快，就等大李到了，问清路怎么走再往前走。""他的意见是……"我将他的话重复了一遍，说："大家有不同意见吗？有不同想法的人请发言。"大家都说同意。当然，这个孩子也总结得太完善了，的确没有什么再补充的空间了。我说："好，我们继续前进！"

队伍再次出发时，情况就大不相同了，孩子们还是放开了跑，但他们会不时回头看看。在前面丁字路口处，先到的孩子一边讨论着城墙一边等着我。等我到了，他们就指着路问："大李，是往这边还是往那边？"我说往这边，孩子们又飞快地跑在前面了。从此我们任何人都再也没有

**图十二**

队伍再次出发时,情况就大不相同了,孩子们还是放开了跑,但他们会不时回头看看。

提醒过孩子,而孩子也没有再跑到别的路上去。

孩子没有为自己这么快学会了这么复杂的一课,而且马上就用在现实中而自豪,我却很为孩子们的行为骄傲。但前面的这一幕并不意味着往下的路程不会再有问题发生,孩子们不久就又送给我更加精彩的课程……

经过两次"整顿",我这个向导的工作终于得到了认可,上山的路就只有一条,是那种真正的羊肠小道。道的两边是密密高高的灌木，小路被那种土红色、软软的小草覆盖着，看不见路面。有一批孩子和老师已经在我的前面不见了踪影，我的后面还有几个孩子，我既看不到前面的孩子，也看不到后面的孩子。

这时，听到后面的孩子在叫"大李"，于是就答应着，让他们知道虽然看不到我，其实离我并不远。听到喊声，我想后面的孩子可能已经感到累了，所以不断应答他

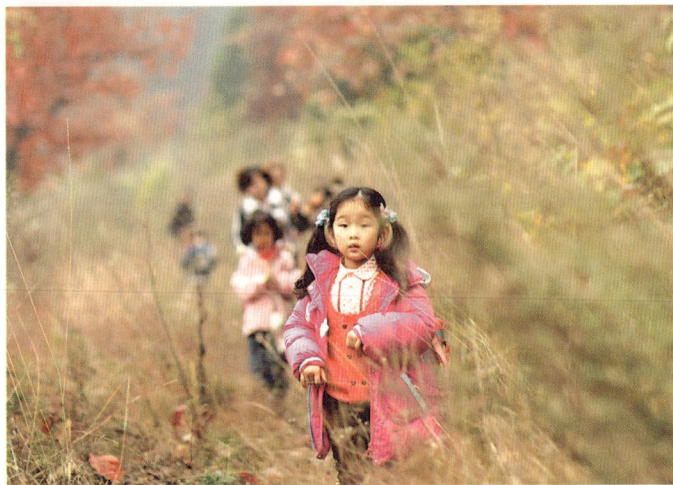

**图十三**

在前行的路上，孩子们不断送给我更加精彩的课程。

们之后，我朝他们喊："我在前面等你！"后面说："大李你不是向导吗？我们都看不到你了。"我喊："我知道你们不会走错路，我在等你们。"跟着喊声就从茅草中冒出一个男孩，看到从草丛中冒出自己熟悉的孩子，我心里是很幸福很享受的感觉，于是情不自禁地说："看，大李在等你吧？"我猜这时我的样子应该是高兴和亲切的，没想到的是，孩子却沉着脸说："等个屁，喊你半天，你都没给我们领路，你是什么向导？"

天哪，我虽然久经沙场，当时还是懵了。我的脑子在飞快地转，情绪也要飞快地转。这时他已经走到我面前，我蹲下来扶着他的上臂说："你刚才有点担心，是不是？"可是却得到一句"担心个屁"，这时我的心里有点不舒服，我认为对这么大的孩子，除了帮助以外，还应该真诚沟通。于是我说："我在关心你，我担心你刚才看不到我会害怕，所以我想安慰你。可你这样跟我沟通，我感到不舒服，现在我不想继续给你当向导了，也不想跟你继续沟通了，等你不打算骂我了，咱们再解决问题，我先转过脸去，等你准备好了再喊我。"

说完我转过脸，看着别处，忍不住只想笑：孩子刚才担心了，累积了很多紧张情绪，当然需要发泄一下，可他怎么学会这种方式的呢？

我们需要帮助孩子，不能让他们用伤害别人的方式发泄自己的不愉快，得教给他怎样寻求帮助，怎样在沟通中纾解自己的不良情绪。看来他也不敢自己继续往前走，这让我很满意，起码他还没有拿自己的安全来跟我赌气。我们成人在这些事上应该向孩子学习。

两个人在鸟语花香的大自然中，一声不吭地站在那里显得怪怪的。突然他开口了，说："我喊了你好几声，你都不来给我们带路。"我意识到，断后的老师是走在最后的，在尾巴阵营中这个孩子是走在最前面的，这让他觉得是他在带路，但他又不能掌控路线是否走对了，所以一定是感到害怕的。虽然前面有我的声音，但没有经验的他不能根据声音判断我在哪里，到底有多远。虽然这是自然给他的练习机会，这次经历对他而言是宝贵的，而且保护孩子也不等于不让他们经历这些自然冲突，但沟通和帮助却是必需的。

沟通让我理解了他为什么骂我，于是我说："我是整个学前班三十个孩子和十个老师的向导，我要看到前面的人没问题，走对了，再回来接你们，你在喊我时，我知道你再走几步就看到我了，而且我也在边答应你边朝你的身边走，在我还没走到你面前时，你'突'地一下就从草里冒出来了。"说到这里时，我看到他笑了一下，我的心也松了一下，知道我们的关系开始缓和。我接着说："我看到你时觉得好高兴啊，好亲切啊，可你突然骂我，我觉得很伤心。"

我尽可能把我的叙述讲得有点像故事，这样孩子就能听得进去。他果然掉进了我的陷阱，情绪跟着我的描述走。当我讲到我伤心时，他的眼睛里出现了心灵被触动的信息。

我接着说："刚才你在最前面，后面的老师也不知道路，你可能感觉很紧张，又看不到大李，觉得大李不等你们，不管你们了，你特生气。"我边描述边观察他，他的眼睛告诉我，我猜的是对的。在我们沟通时，后面的两个孩子和一个老师也跟上来了，其中一个女孩听懂了我们在说什么，她说："我觉得你也应该等等我们啊。"我说："说的对，大家应该一起走，下次我们可以跟大家沟通。"

他不再不高兴了，我们可以继续赶路，但我对他得有个交代，这是对孩子的尊重。于是我对他说："我愿意继续当向导，你愿意跟我继续上山吗？"他不好意思地笑着说："行。"于是我们的小队继续上山，一直到目的地。

下山时，他们三个还是落在后面，前面的老师和孩子都知道路了，不用我跟着，但有时我还得前后照应一下。有一次当我从前面退回来，正朝他们走去时，他大声地喊着："大李，你不用回来了，后面的两个孩子、一个大人有我呢。"我冲过去握着他的手郑重地说："多亏你照顾他们，让他们觉得很安全，我也觉得很放心，那我就把他们交给你了，谢谢你啊。"我没用了，但还得假装很忙，假装顾不上他们。本来他是走不动了才落在最后，这时，却跑前跑后，不断地跑到前面给我汇报："他们刚才碰到一辆车，我让他们拐过去了。""刚才有两个人撒尿了。"每次报告完还得跑回去再照顾后面的人，这样来回多跑出很多路。我发现，他早已浑身是劲，为了让他发现自己的力量，我等在山口，等他一冒出来，我就用相机对着他说："你是我的恩人，帮我照顾了一老两小，我要给你照张相留念。"我想把感激传导给他，让他知道我这样是在感激他。我刚说完，他一下蹲在地上，说："大李你快照，我别挡着他们了。"

他让我照他的"战利品"，而不知道自己应该和"战利品"在一起照，"战利品"这时傻傻的还不知道发生了什么事呢。

这就是在生活中帮助孩子成长起生活所需要的能力的教育方式。

从这段记录里我们能够比较直接地看出，芭学园用什么样的课程来帮助孩子们具有生活的能力。这就是芭学园课程的主要形式，也就是尽可能利用所有可利用的教育机会来达到教育目标。

## （四）支持孩子一生幸福的十五项教育目标

为了使教育者明确教育的目标，并在工作中实施，在分析孩子的生命任务的基础上，芭学园制定出十五项教育目标，其中包含道德自律、智力自主、生活能力，还有其他能够支持孩子一生幸福的人格特质。芭学园的环境、课程，乃至课程的结构、课程元素，都会围绕着这十五项目标而设立。这十五项教育目标是：

这个五岁多的孩子，竟然如此懂得营造幸福生活

### 1. 使孩子成为他自己

芭学园把这一条放在教育目标的首位，意味着我们所有的教育者必须细致入微地鉴别，孩子的哪些行为是他天然的特质，要予以发扬光大，哪些是对他将来生存不利的习气，需要帮助孩子减少和去除。老师要在教学中把握好教育行为与儿童个体特质的关系，是非常不容易的一件事情。只要在学校、在教室，就会有一定的准则和纪律，就会有教育者对被教育者的期望，一个试图帮助儿童的成人，给儿童多少彰显自己天然特质和独特行为的空间，是很难用数字来界定的。整齐划一的要求和同一时间做同样的事情，肯定不能达到"使孩子成为他自己"这一目标。所以，当一所学校把尊重孩子的个体特质作为教育准则时，就需要为此设计不同的教学内容和教学形式。

### 2. 使孩子具有完善的人格和健康的心理

如果我们仔细观察，会发现很多成人，虽然学历很高，心理却并不健康：自己痛苦了，不知道为什么痛苦；孩子遇事了，不会思考怎样对孩子有利；跟别人闹别扭了，搞不清问题在哪，自己需要什么。这对一个人的生存其实是很危险的。有时往东走可能对你是最有利的，你的灵魂是需要往东的，可你的思考偏就让你往西去了，结果损失巨大，可能给自己和自己最爱的人都带来不可弥补的伤害，甚至还会使事情变得无法挽回。

具有完善的人格和健康的心理，的确跟童年的经历有关。假如一个孩子从小就没有平静、幸福过，假如一个孩子因为全托焦虑得痛苦万分，怎么能有心力研究一个大数和小数之间的数学关系？

我们的孩子，能把自己的需要、自己的感受、自己的状态、自己和别人的关系、别人和别人的关系、物与自己的关系、物与物的关系等明显而准确地表达清楚，这表明他们是幸福的。

孩子的人格完善、心理健康，说明他获得了正确、良好的成长，身心是健康的。所以我们很看重这点，对于一个幼教机构来说，我们认为这是很重要的教育目标。

### 3. 使孩子成为具有感受力的人

芭学园把孩子的感受力放在了教育目标的第二位，是因为芭学园认为幼儿教育应该先为孩子打下一个作为人的最本质的基础。人是一种精神的动物，无论我们拥有了什么，如果我们不能很好地去感受它，我们就无法从中获得拥有它的乐趣、良好的感受力，以及我们生活所需的丰富度和趣味。只有有感受力的人才能从自己和他人的平常生活中获得滋养，这样的人，才有可能创造出适合于人类的生活。

### 4. 让孩子建立对人类有益的审美观

很久以来，我们的教育者似乎忘了审美是我们作为人的一种很重要的工具。我们这辈子要过怎样的生活，我们对什么有感受，我们要做什么样的人，我们对我们的环境能爱护到什么程度，这一切并不全部来自爱国主义教育，而可能是轻而易举地由一个重视审美培养的老师带给孩子的。

一个聪明、有强大力量的人，他的审美如果建立在控制他人、灭绝种族、侵犯别人领土等品位上，那他的奋斗方向就是权利和独裁，最终的结果就是对世界造成毁灭性的破坏。如果一个人的审美建立在这样的基础上——使所有的人过上好日子，世界充满了爱，人们相爱相助，世界布满绿树和清澈的河流，他就会去感染人们消除仇恨、保护动物、保护植物、爱别人如爱家人，不求回报地去帮助那些需要帮助的人。人类的生存本能使人向善，所以在芭学园的教育目标中，把对人类有益的审美放在了第三位。

### 5. 保护孩子天然的探索精神和尝试的欲望

人类本来是一种探索性动物，由于他们过于强烈的探索欲望，才使人类变成今天的样子。当前人不断地把自己探索发现的内容留给我们，使我们不需要再在他们探索过的领域继续探索时，我们人类就开始出现只需要记忆和了解前人探索的收获，不再需要自己探索的迹象，人类的探索功能也就开始退化。虽然探索给我们带来乐趣的需求还在，但探索的机会和空间却不复存在，于是人就变得死气沉沉，感觉生活没有了意义。

尤其对于孩子，上苍给他们的伟大礼物还没丢失，这就是探索的欲望。我们不知道童年的探索将来会使他们成为什么样的人，会给他们的一生带来怎样的光芒，但这是自然的馈赠，我们不应该将这份礼物荒废。所以在芭学园的教育中，"探索"占据着绝对重要的时间和空间比例。

### 6. 保护孩子对工作的天然热爱

我们知道在这个世界上，没有哪个物种像人类这样需要工作。在人类的生活组成部分中，工作应该被排在第一位。人只要爱工作，就会生活得很有希望和热情，所以保护孩子的工作热情是我们教育者的责任。

孩子自信又能干，从会"工作"开始

### 7. 保护孩子的质疑能力和解决疑惑的能力

质疑和解疑的过程是最好的学习过程，如果你一直教

给一个孩子这个世界上所有事物的本质，这个孩子就有可能失去质疑或解疑的能力。比如，你一直用直接告知的方式让孩子知道"5 + 3 = 8""4 + 4 = 8"，以后你告诉孩子其他算式，他可能就会说，好的知道了。

但是一个不只用直接告之的方式教出来的孩子可能会出现这样的情况：你告诉孩子你知道"5 + 3 = 8"，孩子就可能问你"5 + 3"为什么等于"8"，你若拿实际的物体来演示给他看，比如，5 个胡萝卜和 3 个胡萝卜放在一起就是 8 个胡萝卜。然后孩子可能会说："我知道，5 个胡萝卜加 3 个胡萝卜是等于 8 个胡萝卜，但为什么'5 + 3 = 8'？"

这时如果大人不懂得孩子到底在问什么，可能就会认为这个孩子智力有问题，说得难听点，就是有点笨。

懂得孩子的大人则会为孩子提出这样的问题而感到震撼，因为孩子所疑惑的是人类最根本的疑惑。

就拿孩子所产生的这个疑惑来看，这是关乎一个学科的本质的疑惑：数学这个学科是干什么用的？它是怎样来的？也就是说，"5"和"3"两个数字符号中间加上一个"+"的符号，再加上一个"="的符号为什么就是数字符号"8"？

应试教育容易出现的问题是，老师不从学科的根本意义上带孩子来研究这门学科的来源、对人类的意义以及它的使用方法，然后来学习自己应该如何使用它，或者看别人是怎样用的，而是一上来就把一个知识点扔给孩子，让孩子记住和理解。这样其实大多数孩子是在学"知道"，不是在学"知识"，更不是在为学科的学习打基础。

教育保护孩子的质疑能力和解决疑惑的能力，意味着为孩子创造更加学术的课堂，像对待研究员那样对待孩子。

## 8. 帮助孩子建构起自己解决问题的习惯

我们做老师、做家长的无不希望自己的学生、孩子将来成为独立的、能够自己生活的人，但我们在养育他们的过程中又忘了给他们提供成长为这样的人的机会。当孩子遇到问题的时候，大人会在第一时间冲上去替孩子解决。这样的做法不光是剥夺了孩子练习解决问题的机会，更重要的是，孩子认为他们遇到问题的时候一定要别人告诉他们怎么解决，或别人来替他们解决。孩子小时候，他们的样子很可爱，我们在替他们解决那些显然他们可以自己解决的问题时，我们觉得这是值得的，因为我们避免了自己的心疼。但是等他们长大了，他们再像小时候那样等待着成人为他们解决问题时，大多数成人都会感到失望和委屈，成人的这种情绪又反过来再次伤害了孩子，这次伤害的不是能力，而是他们的自尊和自信。一个低自尊和低自信的孩子，怎么能去主动建构自己的未来呢？

### 9. 帮助孩子建构起对人类文化和大自然深深的敬畏

婴儿出生后，必然会走向社会化。与其他动物不同的是，人对自然界中人的痕迹会非常感兴趣。孩子们生活在成人所造就的世界中，他们对物质探索到一定程度，就会由对自然的物质探索升华为对物质精神和物质关系的探索。但我们不能确定人类该从什么时候开始对这个痕迹感兴趣，什么时候对物的关系感兴趣，什么时候把物质的精神与自己的精神合二为一。当孩子被启迪，用一个审美者的目光去看待身边的一切，去看待大自然的山山水水时，他们就会被这个地球的壮观和美好所震撼。在成人的引领下，他们带着对天地深深的敬畏去接受大自然的美好，使他们对自己生活在这样的天地之间产生一种自豪感，这种自豪感支撑着每一个人，使他们对自己漫长的一生充满信心。如果我们不能用宗教去启迪儿童的敬畏之心，那么用自然之物就是很好的替代品。

当人类对自己依靠的自然资源产生敬畏时，人类就会由此产生精神的内涵。这些精神的内涵由可视可触摸的物质引发，变为不可视不可触摸的精神品，然后人类需要将这种精神品再次变成可视可触摸的东西，于是就创造出了文字、绘画和音乐。

所以我们在引发孩子对大自然的敬畏之后，必须将人类的文化创作介绍给孩子，让他们可以与这些美好的创作产生共鸣。

### 10. 让孩子站在自主（不是被奖励和惩罚驱动）的立场上进行选择和判断

古代有孔融让梨的故事，多少年来中国的家长都以此为标准教育孩子，希望孩子能表现出这种大公无私的精神。其实人的自然生存本能让人这种动物跟其他动物一样，在生存的环境中遇到冲突时，要选择对自己有利的解决方法，这样才能确保每一个人都能自己保护住自己的生命，自己想办法让自己活好。正是有了这样的本质，当有人为了别人而舍弃自己的利益时才使人那么佩服，人们之所以争相传颂，是因为这样的行为不是人的本能。后来，这种不是本能的行为就成了理想。在孩子展开本能和自然本性时，人们希望他们的本性是那种社会性的、理想的，所以就"教"他们。

一个没有被"教"的孩子在选梨时（如果他喜欢吃），一定会选那个大的。但当被"教"之后，他的本能和教他的人让他做的事之间就出现了冲突。如果这个孩子知道他按自己内心的需要选了大的梨，那个教他的人仍然会爱他，他可能就会按自己的愿望（本能）去选择；如果这个孩子曾有过不按教他的人的要求去做，惹得教他的人不高兴的经验，为了生存，儿童会紧紧依恋教他的人，努力达到教

惩罚和奖励对孩子有什么不好（上）

奖励和惩罚对孩子有什么不好（下）

孩子不愿意分享玩具是自私吗

他的人的要求，去愉悦他们，他可能就会违心地去拿那个小的，并说一套让教他的人高兴的话。

这样做表面看上去，儿童似乎获得了提升，他按照社会的道德准则去做了，实际上由于违背生存的本能，他会非常痛苦。如果一直这样下去，儿童被建构起永远按照外在的要求标准去对自己的生存冲突做出选择的行为方式，这个人就会失去自我。丢失自我的结果是：在冲突中需要选择时，他的内心会在本能自我和假想的别人的要求之间摇摆。

例如，当一个被教育过要见义勇为的人看到有小偷在偷别人的自行车时，便大叫着冲过去，当小偷拿出凶器要来杀他时，他就失去了本能的选择而以假想道德为标准，选择了牺牲自己，保护那辆只值50元钱的旧自行车。最后他真的牺牲了，牺牲之后他的手还紧紧地抓着那辆旧自行车。这个选择显然是不明智的。

一个成年人经历过教育和社会的同化，社会化的标准留下一些，本能的标准也会留下一些，如果本质的自我不能被建构为恰当的社会化自我，就会在选择和判断时迷失自我，每一种选择都会给自己带来痛苦和损失，然后他会以抱怨和发泄情绪来弥补内心的不快，他们会活得很累、很痛苦。

儿童时期是以本能为主的，如果你想知道什么是本能就去看儿童。任何一个自然的儿童都是遵循本能的，如果在教育之下儿童仍然能保留这种本能，说明这个教育是对路的。儿童首先要练习在自己的环境中怎样保护自己，才能在建立安全感的基础上建构利他的精神，否则就会利用利他来获得安全感，那时，儿童就失去了练习对自己生存有利的选择和判断力的机会。

如果我们看到一个儿童能够站在自我的立场上对事物

进行选择和判断，说明这个儿童身边的成人将儿童看作儿童，没有急于让孩子成为成人。在这种环境下长大的人，才能在本能和超本能冲突时，理性地判断后做出正确的选择，这个理性就是我们说的自我。他们很少会盲从，很少会不理性，也很少会选择破坏性行为，因为他们不会违心地受制于别人。

教育的提升，就在于提升那个本质，如果有一天人被提升到自愿地、无意识地就把最好的条件让给了最需要的人和最爱的人，那时他们就成了一个理想的、优秀的成人。儿童有时在爱的驱动下也会本能地做出这样的事来，那是为了自己的爱，而不是道德。

人生最重要的事是判断和选择，判断和选择如果失去了自我的立场就会变得困难。没有获得足够发展自由的孩子很少有选择和判断的机会，所以他们大多数情况下只能让别人替他们做这样的事。

在芭学园里，我们认为儿童的任何一个选择和判断都是有价值的，所以非常珍惜可供儿童选择和判断的机会。

## 11. 帮助孩子发展对群体的兴趣和良好的社会性能力

毕业生故事

每一个正常的人都需要群体，作为一个个体，能适应群体是很重要的，于是人们很希望教育能帮助儿童发展这一能力。

在以前的教育中，人们通过说教、讲故事、唱有关团结的歌和做有关团结的事来试图达到使孩子能够适应群体的目的。但人们发现当孩子能听懂这样的话，能被这样教育时，实际上已经有点晚了。而这样的教育模式也不能使个体真正地从心底里热爱群体，甚至有可能起反作用，使个体在群体任务中因为担心自己的付出不能被注意，担心自己的功劳会落在别人头上而斤斤计较。

这样教育的结果破坏了个体对群体需要的认识，在群体中的付出成为高标准的道德而无法被达到。

我们观察到，在不干涉的情况下，儿童的生活自然会发生一些个体与群体的关系，儿童自然组织成的群体是他们投入了情感和需求的结果，所以他们特别在乎维护自己在群体中的位置。这个自然组成的群体一定带有自然的特征，就是各种个性、各种能力、各种力量的人都有，不像人为组织那样充满着组织者的想法和目的。如果组织者的目的不能成为群体成员的目的，那么人为组织就不能像自然组织那样对每一成员都具有绝对的向心力。

只有在自然组织的群体中，儿童才能利用群体中出现的自然的机会去发展自己。由于群体成员的向心力使得每一个人都不愿离开群体，所以在出现了成长的烦恼时，他们会自然选择成长而不会选择离开。这样才能绝对保证群体中的成员以发展自己的能力去适应群体的要求，而不是抱怨和负气离开，使自己放弃了成长的机会。

儿童害怕被群体抛弃时所产生的力量就是对群体热爱的力量，这一点儿童当下并不能意识到，所以在不自知的情况下，他们虽然受了很多的委屈，却使自己具有了在群体中生存的基本能力。

成人只有给儿童自然组合的自由，并且保护这种群体，允许群体按照自己的方式发展和运行，才能使群体成员发展出对群体的需要和在群体中生存的能力。

芭学园认为儿童自然组成的群体是宝贵的，儿童对群体的热爱是有价值的，所以非常珍惜为儿童提供这种机会。

## 12. 帮助孩子发展进入主流教育的适应能力

对于儿童来说，幼儿期结束，需要适应的就是小学。尽管有的父母会为孩子选择非主流教育，如私塾、特色小型学校、在家里自己教等，但这是极少部分的人，选择的余地也很少，大部分孩子还是要进入主流教育体制之中。芭学园作为目前中国的非主流教育形式，由于目前以学前教育为主，虽然也办起了自己的小学，但不能确定每一个孩子都会选择上芭学园的小学，所以必须为学园里所有的孩子做好进入主流教育的准备。首先，在一个以培养人类适应智慧为目标的教育体系中培养出来的人，一定具有适应的能力。所谓适应，是指不能只适应某些方面，而是适应于人类生活所有的可能性。在这一方面，芭学园教育是能够达到的。

使孩子提前练习进入主流教育所需要的技能和学识，这一点与建构主义教育似乎是相违背的，但是，如果我们观察一下就会发现，儿童长到5岁时，已经开始将自己对事物的了解升华为人的精神内容，他们开始对人们为了表达自己所创造的形式感兴趣，这些形式就是文字符号、数学思考和计算技能、绘画、舞蹈、手语等。这时如果恰当设计一些从具象到抽象，从形象到符号的转化内容，并使孩子对人创造的这些文化发生兴趣，在此过程中巧妙地使用小学一年级需要用到的基本技能，将不会使孩子们的建构模式和已建构的内容受到什么影响。关键不在于在这一阶段给孩子教了什么，而在于怎样教，在于教学的目的和过程怎样设计得有利于孩子，不破坏孩子的发展。

芭学园教育兼顾中国国情，重视孩子的学前教育，并为孩子进入主流基础教育作好准备。

### 13. 帮助孩子发展适应环境的能力

如果有人讲他们找到了一所很好的幼儿园，但很担心孩子将来无法适应自己的生活环境，那么这个担心本身就是自我矛盾的。很好的幼儿园应该是能够帮助孩子更好地发展的幼儿园，否则就不能叫好的幼儿园了。如果是真正帮助孩子发展的教育机构，其最重要的教育内容就是发展儿童对环境的适应性，对人类来说，一生最能肯定的事就是一切都是不肯定的，去应付这样的一生，必须具有良好的适应能力。

人和其他动物不同，在出生后没有带来遗传的固定习惯，一切非物质的内容都是在适应中获得的，只有可适应性是先天准备好了的，所以人被称为一个学习动物（学习本身就是适应）。

只要不被人为地破坏，人天生就能适应于有基本生存条件的任何环境。为了保护人的这种生存本能，我们必须给孩子适应的机会，而不是时刻准备按成人的好恶为孩子进行选择，如：家长喜欢孩子被人夸奖，在环境中一旦有被人夸奖的机会就让孩子接触，负面评价就不让孩子接触；父母受得了的事就让孩子去适应，受不了的事就不让孩子去适应，等等。这样，儿童对这个世界和自己所处环境就变得越发不肯定了。如果一个成人只想把孩子抱在怀里，只想让孩子不受欺负，只想让孩子什么都不干，那这个孩子可能就成为无法适应自然人群的人，无法适应承担责任的人，无法适应自己的生活和成长机会的人，无法适应无人照顾的生活的人……那这个人就是不适应生存的人，也就是没有适应能力的人。

由此推理，想让孩子成为有适应能力的人是非常有价值的。芭学园教育为孩子提供多角度、多项目的适应机会，使孩子的适应机能获得良好的发展。

### 14. 帮助孩子建构起崇尚真理、坚守原则的人格特质

有很多人一听到原则也会害怕，因为原则意味着控制和制约，尤其在一些宣扬自由类的书中，有人批评原则，

说给孩子设立原则破坏了孩子的自由；更有人认为孩子本身就是真理，成人崇敬孩子就是崇敬真理，还给孩子建立什么原则？

其实这些观点在某一层面是对的，只是大家要搞清楚，书中说的真理和原则可能和我们将要给孩子的原则和真理是不一样的。

比如"孩子是真理，我们崇尚孩子就可以了"，这句话的实际意思是说孩子是大自然在人类现象中的再现，儿童的现象就是自然的现象，而自然就是真理。这当然没错，但我们崇尚人类的自然之理，和儿童要不要习得认可真理、尊重真理是两回事。所以一个人听到别人说的话和做的事有道理就会认可，会改变自己的想法遵循这个道理，这就意味着通情达理。一个人能否以心理的理解力来对道理进行选择，并控制自己去认可、遵从于真理，取决于这个人是否自我认可。一个自我认可的人很容易鉴别真理。一个人不认可自我就只需要认可自己，而不会去认可真理，更无法将自己的发现放在人类的立场上去进行验证和评判。

原则也一样，只要有人群活动就必须有原则。原则是为了让人不再付出太多心力和时间去互相冲击和沟通，所以在群体生活中必须有供不同思想、不同性情的人能协同行动的方法，而这个方法就是原则。实际上无论成人还是儿童都需要原则，有了原则才会感到安心，否则不知道自己可以离开安全边界多远，可以使自己的行为在多大程度上与群体不一致也不会被群体遗弃。而人群又只有在有原则的前提下才能长期互惠。

给儿童建立一个能和群体相容的人群规则，并使儿童去遵守这个规则，由此而建立起遵守规则的习惯，这不会破坏儿童的自我学习和发展。

只是，建立规则的人一定不要给儿童建立对他们发展无意义的规则，不能把规则建立在破坏儿童发展的基础之上。

芭学园认为，人遵守原则，遵从真理是有价值的，所以我们重视儿童顺从真理和遵守原则的特质培养。

### 15. 帮助孩子发展抗冲突的能力

人们管 80 后的一代人叫"草莓族"，说的是好看不抗压。因为他们太金贵了，从小到大，父母们为了他们的未来，除了让其承受学习之苦以外，几乎没有再让他们承受任何辛苦。这样养出的孩子没有抵抗力，稍微遇到点情况就出现严重反应。

我们认为抵抗力其实就是"皮实"。

人怎样才能"皮实"呢？一是经历过了磨炼，二是很少有心理伤痕。曾经很多人认为，孩子在恶劣的环境下长大就会有抗风雨的能力。后来人们发现，只有在有爱又经历自然风雨的情况下才能使人具有抗压的能力。如果没有爱只有恶劣的环境，那么这个人可能比被溺爱的人还要不堪风雨和胆怯。

在儿童时代，孩子是无法选择成长环境的，也无法思考和总结。在自然生存的状态下，所遭遇的冲突都是孩子自己的环境，不是父母的环境，只有给孩子机会去经历并征服自己的环境，孩子才能具有自然的抗压能力。这个过程是不愉快的，甚至是痛苦的。许多父母没有认识到这种痛苦对于人的价值，自己也跟着痛苦，到处奋战，将孩子遇到的自然冲突尽力消除或者带孩子离开，要不然就无限共情，最后使孩子变得敏感而多愁，动不动就哼哼唧唧，表达自己的痛苦和不幸。

孩子在无意识的情况下会自然地面对挑战和冲突，使自己获得成长，因此他们也就变得"皮实"了。

芭学园认为"皮实"是有价值的，所以给孩子提供发展抗压能力的机会，因而芭学园的孩子大都很"皮实"。

# 四、芭学园儿童品行建构的基本原则

人的品行是由许多小的行为积累而成，日常的小行为像分针，习惯像时针，分针走一圈，时针走一格，所以在儿童的日常行为中，对于一些具体的行为，我们教师是应该有要求的。在芭学园教育中，品行教育占据着重要的地位，所以，综合芭学园各主班老师的建议，归纳以下品行建构的范畴，这个范畴还可以在教学中不断修改和完善。

## （一）关于环境

培养孩子的公民意识，从保护环境开始

1. 将垃圾丢入垃圾桶，如果没有垃圾桶就暂时保管垃圾，待有垃圾桶时再处理。

2. 不将杂物投进马桶。

3. 不随处排泄。

4. 男孩在用马桶之前抬起马桶圈，女孩在用完马桶后抬起马桶圈。

5. 用完马桶要放水冲洗。

6. 看到马桶脏了，不能用了，自己又没法处理，要找老师帮忙。

7. 爱护环境中所有美好的东西，不会故意弄脏沙发、地板，上地毯前先脱鞋。

8. 不随地吐痰和擤鼻涕。

9. 爱护植物和小动物。

10. 尊重大自然中其他物种的生活和生命。

11. 用完了别人的物品或公共物品要放回原处。

## （二）社会关系

1. 当别人让自己不舒服的时候，可以离开，或试着帮助别人改变。

2. 与人交往有分寸，不会随意冒犯、激怒别人，不会使别人感到不舒服，不对别人说不礼貌的话、做不礼貌的行为，不对别人做不好的比喻。

3. 在与别人交往时尊重别人，即便是做好事也不要冒犯别人的疆界。

4. 不经别人的同意不随意拿取、使用别人的东西。

5. 乐于接纳别人，不仇视人群。

6. 乐于感受别人，并帮助别人摆脱羞耻与尴尬。

7. 乐于帮助别人扭转不良情绪，并会安慰受到伤害的人。

8. 乐于帮助别人摆脱困难。

9. 不随意打扰别人的工作和谈话。

10. 必须打扰别人时会感到抱歉，并用有礼貌的方式向别人说明原因。

11. 在他人很忙时，占用别人时间要征得别人同意，并向别人宣告时间，同时信守承诺；如果还需要延长时间，要再次宣告，征得对方同意。

12. 在别人不当地打扰了自己时，会用礼貌的方式向别人陈述自己的要求。

13. 在自己有困难时会向别人求助。

14. 在别人向自己求助时，如果自己做不到，会用不伤害别人的方式拒绝别人。

15. 不会用攻击的方式（包括语言的攻击）去解决问题。

16. 会用尽可能智慧的方式解决问题。

17. 见了长辈会用礼貌的方式称呼对方。

18. 在需要安静的场合不会大声喧哗，不影响他人的生活。

## （三）安全

1. 当有危险时，知道怎样先保护自己，再去帮助别人。

2. 当家人出现危险时，知道怎样打求助电话：急救120或999，火警119，报警110。

3. 当迷路时知道如何求助和自助。

4. 当与亲人分离时（走丢）知道怎样保护自己。

5. 知道怎样与陌生人打交道。

6. 当有人侵犯自己的身体时，知道该怎样保护自己。

以上品行要求，可在老师的教学行为中形成一个基本的教育目标，在不知不觉中帮助孩子形成这些习惯和能力。可用生活主题课的形式输入给孩子，更理想的是老师在日常工作中能利用自然的教育机会来为孩子建构这些基本品行，请尽可能不要将这些条款直接告诉孩子。

# 第二章　对教育者的要求

　　芭学园的教育目标是培养完整人格的孩子，要完成这个教育目标，需要什么样的教育者呢？如果我们作为教育者，没有让自己具备能够实施这种教育、能够达到这种教育目标的素养和能力，那么我们大谈对应试教育的不满，雄心勃勃地想要用我们一生去创造一个好的教育，就只能成为一个美好的梦想。所以，我们要达到自己的教育理想，就必须先将自己提升为一个能够实现这个理想的人。

# 一、这样对待孩子

## （一）爱孩子

### 1. "心中有爱" 的含义

爱是每个人与生俱来的，可以认为是本性的特质，爱是作为人必须具备的本质之一，爱体现了一个人的真、善、美。爱是一种发自内心的情感，是人与人之间情感互动的回馈表现，也是人与人彼此交流沟通的桥梁。爱也分很多种，比如亲情中的爱是温暖而深切的，社会中的爱是广大而博远的。老师和父母对孩子的爱，很多时候更像是一种决心，决心要将孩子养育成能够一生幸福的人。亲情中的爱是个人的，是家人与家人之间的爱；而社会中的爱，是大家的，每个人都可以享有社会中的爱，这份爱更广博，更值得大家心中怀有。善良的人，因为和善，心中有爱，他可以爱别人，更可以把爱奉献给大家，自然也就获得了别人的爱戴和尊敬。只要我们多为别人着想，不自私，用爱来包容，不去斤斤计较，自然而然周围的一切也会因此

我在芭学园当老师

改变。俗话说得好："一方有难，八方支援。"这就充分体现了"心中有爱"。

其实我们每个人的心里都蕴藏着爱，只是因为每个人的个体差异，对爱的追求和付出，以及表现形式不同。因为心中有爱，我们共同生活在一片蓝天下；因为心中有爱，我们的生活变得快乐幸福；因为心中有爱，我们的心灵被滋养着！我们每个人都离不开爱，所以我们每个人"心中都要有爱"。

爱是出于主观的意愿，为了目标事物朝好的、正确的、健康的方面发展而付出的情感或行为。爱不是索取，爱是需要付出的。

爱还有很多种，爱也可以后天培养，通过教育，培养人们爱的情结，教育我们的孩子。爱还可以认为是由友爱与热爱合成。爱的结果是双赢的。

## 2. 什么是爱孩子

芭学园要求每个老师都能够爱孩子，爱孩子不只等于喜欢孩子，也许在来芭学园之前你已经觉得你很喜欢孩子了，于是认为自己已经具备了爱孩子的条件。其实这种喜欢是为自己服务的，也就是孩子成为自己享受的资源：由于他能让你感到享受，所以当你感到孩子可爱时你会喜欢他，如果你感到孩子不可爱时你有可能就不喜欢他了。这种爱好使你看到可爱的孩子，可能就会很享受地一直盯着他看，这时其实你在享受孩子。你可能会把过多的时间用来看那个自己喜欢的孩子，只顾自己享受，顾不上理智地帮助孩子。这样你就像是在索取孩子的能量，由于这种爱好是为了自己，不是为了孩子，所以不是爱孩子，而是用孩子在爱自己。

爱孩子是发自心灵深处的情感和责任感，你在任何时候看到孩子有困难都会不顾一切地去帮助他，在你的眼里只有孩子，没有可爱的孩子和不可爱的孩子。如果你把帮

图十四

爱孩子是发自心灵深处的情感和责任感。

助孩子成长当成你生活中最有意义的事情，看到孩子时，你的眼睛就会无意识地被吸引，聊天的时候，你无意识说的话题大都是孩子，这时你就可以肯定你已经爱上了孩子。

当你爱上孩子时，你就会为了他们去提升自己，为了他们度过初学教育的艰难时期。你会将保护孩子放在维护你和同事的友谊之上，看到你的同事甚至好朋友有伤害孩子的行为，你绝不会听之任之。这时，你对孩子的爱就成为愿意为孩子成长付出的意图，再加上有效的行动，两者合力就变成了决心，所以老师对孩子的爱更像是一种决心。

### 3. 如何才能爱孩子

爱上孩子，如恋爱一样，需要一个过程，进入时需要有人引领，也可以自己修炼出来。良好的班级氛围是新教师进入"爱孩子"状态的良好基础，与老教师聊天、谈孩子的话题是对新教师最好的引领，所以我们要有意识地对新员工进行这样的引领工作。

让新教师审视自己，看看是在享受孩子的可爱，还是真的爱孩子。当然，对孩子的爱是可以从享受孩子的可爱开始。当开始感受到每一天都被孩子的可爱滋养着，你就会感恩孩子，并决心为他们做些什么，整天琢磨着怎样让孩子变得更好，这就是真爱了。

## （二）理解孩子

### 1. 什么是理解孩子

理解孩子不是件容易的事情，理解孩子到怎样的程度，代表了你作为一个教师的专业能力达到怎样的高度，你将来教学中的点点滴滴都来自你对孩子的理解和感受。

理解孩子首先要先了解孩子的心理状态，要具有这方面的能力，除了用心感受孩子之外，还需要多年的经验积累和必要的理论支持。比如一个孩子在入园前已经会向大人要求上卫生间了，可入了你们班之后就不断地尿裤子，家长认为你把他的孩子带得倒退了，你怎样理解孩子的这一行为？怎样解释才能让家长相信你，并能使家长配合你，一起来帮助孩子度过这一阶段，这就要看你对孩子的心理的理解能力了。

再如，一个孩子每天都没精打采，什么也不做，还老偷着吃自己的手指头——他是怎么了？他的内心感受可能是怎样的？背过人去吃手代表着孩子什么样的心理？如果这样下去他会怎么样？你需要怎样做才能帮助他？这都需要对孩子心理状态的理解才能弄明白，只有明白了才能帮助孩子，否则你做的事可能适得其反，不但不能帮到孩子，反而可能会对孩子造成伤害。

### 2. 什么理论能帮助我们了解孩子

埃里克森的理论为我们揭示了孩子在不同时期的心理

图十五

大李和《小人国》里的
豆豆在聊天。

状态和表现行为。卡伦·霍妮的理论则让我们理解，如果
孩子在成长过程中，安全感、责任感等方面出了问题，会
给他们造成怎样的心理问题，如果我们不能很好地对待孩
子所犯的错误，用伤害孩子的方式来阻止孩子出现错误，
会给孩子带来怎样长远的伤害。我们可以借助他们一生的
研究结果来作为我们帮助孩子和保护孩子的理论支持。

其次，你要了解孩子的发展状态，就需要发展心理学
理论作为支撑。发展心理学的研究和理论能较明确地帮助
我们了解孩子各个方面的发展规律。在这些前人付出大量
工作所发现和研究的基础上，我们可以确定我们的做法应
该是怎样的，我们还需要怎样。

如《婴儿世界》(〔美〕罗恰特著)这本书上，一个世
界级的专家团队经过多年探索，综合全世界最前沿的大脑
科学探索研究后指出，婴儿出生时大量的脑细胞，在整个
发展过程中，会根据它们是否被激活，是否能找到可以运
用的机会而决定是否被删除。研究人员还用跟人类大脑工

作原理接近的、刚出生的小猫做实验，在小猫刚出生时，研究者蒙住了小猫的一只眼睛，二十天之后，小猫被蒙住的那只眼睛永远失去了视觉能力。

大部分成年日本人不会发 /rua/ 和 /la/ 的音，可研究者对大量的日本孩子调查后发现，日本孩子在学会说话之前是能发这两个音的，可在学会说话之后就再也发不出这两个音了。由此看来人的基本能力如果在相应的发展阶段未被使用，就有可能被删除。因此我们就要考虑，我们给孩子提供的环境中，需要具有哪些因素，还缺少哪些因素，在什么样的阶段要增加什么样的内容，这一切都不能靠我们主观臆断决定，我们需要借助经过专业人士研究的、最前沿的并已经被大量数据所证实了的、准确的结果。

又如《理解孩子的成长》（［英］彼得·史密斯等著）这本书中，研究者通过大量的案例，发现孩子在六岁之前，如果一个朋友都没有，将来他们的社会性能力很难发展起来。而总是受到其他孩子欺负的人长大之后会认为自己不被他人喜欢，尤其不会被小孩子喜欢，这种伤害给他们一生都会带来痛苦和困难。我们作为教育者不可能在等到一个孩子出现了这样的情况后，再来调整我们的教育方法和策略。为了不耽误孩子的发展，我们必须提前了解这些发展问题，并参考专家的研究结果，以此为依据来调整我们的教育策略。

比较开放和先进的教育理论都是需要我们涉猎和学习的，如人智学的理论，会让我们从另一个方面来了解人类，我们会看到从另一方面来解释人类也同样具有一定的科学性，同样会为我们理解孩子带来一定的指导作用。

### 3. 理解孩子需要专业能力作为支撑

理解孩子需要"有专业度的爱"作为基础，我们要有一个坚定的概念在自己心里，即"孩子所做的一切行为动作都是合理的，都是有原因的"。比如，母鸡是很弱小的动物，但在无论怎样强大的敌人面前，它都能用翅膀护卫着自己的小鸡；老虎是很凶猛的野兽，但它和小虎仔玩耍的时候却能够非常地耐心。这种对孩子的爱是每个母亲都能做到的，而且在这一点上父母都能做得很好。但作为老师我们除了要具有这样的爱之外，还应该要有更高更专业的"大爱"作为基础。比如对父母来说，以上的那种自然亲情之爱本能地就能做好，但在孩子真正有了独立的意识，需要父母了解孩子的成长状态时，父母却难以做到"爱"了。我们常会看到这种现象，孩子一旦开始独立，父母就会说："这孩子太犟了！""这孩子怎么会这么不听话。"实际是孩子要成长，要照他自己的意志去成长，孩子的意志就同父母的意志开始产生矛盾了。老师同样会碰到这样的问题，当你不理解儿童的发展规律和发展状态时，孩子的很多行为都会给你的工作带来疑惑和困难，所以说学习儿童发展心理学，具有专业知识作为工作的指导和基础，我们才能真正地理解孩子成长的需求。也只有这样我们才能理解，为什么一个孩子会反复地打人，为什么一个孩子会反复地尿床，为什么一个孩子会不要大人拥抱，为什么一个孩子一遇到一点点冲突就会歇斯底里地大哭……所以理解孩子的第一个先决条件就是有宽厚、仁爱、平和的心，并且具有专业的理论素养基础。

要理解孩子，给孩子发展的自由空间，包括工作的自由空间——孩子有权利选择当下做什么和怎么做，也包括成人为孩子成长提供的精神上的自由空间——信任孩子会有自己成长和发展的节律。现在的成人，也包括我们老师，在孩童时代，由于教育环境的限制和父母所受教育的局限，大多数人都失去了发展自己的自由，也习得了限制别人自由的习惯。这就是我们成人喜好控制和压制他人的最根本原因，如果我们从未有过自由发展潜能的机会，我们就会根深蒂固地认为自由是有害的。

我们习惯上很难让孩子自由，尤其当孩子"吵得很"的时候。但是，你要是真正爱孩子，你会发现孩子们在那时非常可爱，你根本不觉得他吵。有的孩子就是习惯了被限制和照顾，在幼儿园就什么都不做，什么也不会做，他会远远地离开群体，坚决拒绝和别人一起相处。我们要给他很长的时间，让他们去发现和慢慢地习惯，让他了解别人是怎么回事，别人在干什么，这个过程非常缓慢，因为儿童必须有了安全感才能去做，否则对孩子就是一个很大的刺激。这就要求老师给予孩子发展的自由，针对他这个个体给予空间，老师平和的心态和温暖的爱是孩子发展最好的力量。

遗憾的是很多大人没有这样的耐性。我们越来越发现，在生活中，无论是家长还是老师，都很难理解孩子，很难让孩子有一个自我调节的空间和时间，让孩子自主、快乐地做他愿意做的事。成人会嫌麻烦，很简单，听话的孩子对成人来说是非常简单的，成人愿意做什么事很快就能完成。但其实孩子的自我发展，需要成人做大量的工作，付出精力和时间，辅助他们慢慢地建构自己。为什么我们就这么难以理解孩子呢，究其原因，是现在生活的节奏太快了，我们的心全部都给了工作，我们的精力也全部被拿走了，我们很少有机会静下来去体味和发现自己的内心，所以我们成人慢慢地就越来越粗糙，越来越难以感受孩子的细腻和需要。所以说理解孩子的另一个先决条件就是老师个人要有不断地自我提升的能力和需求，这种自我提升一定是跟自己的生活息息相关的。首先，要慢下来，对于幼儿园老师来说，最难达到的就是"慢"，让一个快的人慢下来有时候是很难的。要理解和孩子在一起，不是你要教他们什么，而是和孩子一起生活，所以老师首先要让自己的节奏和孩子们是一样的，这时老师的很多感受和洞察力才会丰富和细腻起来。

理解儿童不是一件容易的事情，但作为老师，我们有着努力积极的自我提升精神、严谨努力的学习精神，这一切都需要理论作为基础，能够开放、全纳地获得所有可用的养分，让自己有一颗宽厚平和、安静专注的心，坚定且信任儿童，那我们就会越来越有洞察力和理解孩子的能力，老师的行为标准相对于理解孩子一定也是正向的。

## （三）尊重孩子

作为一名芭学园的老师，必须懂得怎样是尊重孩子，只有能够尊重孩子才能为孩子建构起良好的自尊的人格特质。尊重孩子包括：

### 1. 真诚地与孩子交流

无论孩子向你表达什么内容，无论他们用什么样的方式表达，你都需要带着认真平和的态度，耐心地倾听，并真诚地提出能帮助孩子发现、回顾和继续探索的话题，或者提出你不知道的问题，不可以明知故问。

### 2. 接纳孩子

接纳孩子，即接纳孩子因不同的家庭文化所带来的不同的爱好、不同的个性和不同的衣着。接纳的含义就是，不试图把孩子改造成你喜欢的样子。

### 3. 认可孩子的不成熟

不可以利用孩子的不成熟取笑孩子，将其当成孩子的不足。不可以欺骗孩子。

### 4. 信任孩子会按照人类的规律发展自己

相信每一个孩子都会按照人类的发展规律来发展，孩子像所有人类一样需要独立、需要成功、需要工作等。理解了这一点，我们就能给孩子按照自己的方式发展自己的机会。这就是对孩子的信任。

### 5. 认可孩子的需求，并努力帮助他们

我们需要按照孩子发展的目标来分析和确定孩子的需要，站在理解孩子心理状态的立场上来看待孩子的要求，如：一个孩子想要吃垃圾食品，但他们需要身体健康，我们要满足的是他们身体健康的需要。也有些孩子的需求在成人看来是没必要的，但在孩子来说是合理的，如入园时期的忧伤和哭泣。

图十六

只有能够尊重孩子才能为孩子建构起良好的自尊的人格特质。

# 二、这样对待工作

## （一）具有帮助孩子的能力

芭学园是一所特殊的教育机构，作为帮助孩子成长的老师，我们见证着孩子成长中的喜怒哀乐，不同的孩子有不同的特质和品行，这要求我们每个老师在精确了解和掌握孩子心理以及行为的基础上，根据孩子的不同特质做出判断，然后对孩子进行帮助，而不是胡乱地单凭自己的想象去做决定。所以，作为这所教育机构的一员，只有具备了帮助孩子的能力才能去帮助孩子。要帮助孩子需要具备以下条件：

两个孩子冲突，全班开了个小"法庭"

### 1. 懂得芭学园的教育理念（及建构主义理论）

请阅读本书第一章"教育理念说明"，在此基础上想要更加深刻和广泛地理解，需要阅读其他教育类书籍，如：蒙特梭利原著《童年的秘密》、英国教育家心理学家彼得·史密斯等合著的《理解孩子的成长》。只有懂得了教育理念才能根据自己和孩子的需要来创造可以帮孩子的环境和方法，否则只能模仿和照搬别人的技术和方法，那样的教育方法不见得适合你所面对的孩子，它像假牙和假发一样不好用，不能变通，也不能帮助你成长为一名优秀的教师。所以说，要掌握教育理论，创造教育方法。

### 2. 具有恰当的工作引领能力

在芭学园教育中，孩子的自由工作在课程结构中占据着重要的地位，孩子们利用环境中的物质，来发现自己的身体功能，发现自己与世界的关系，发现自己与别人的关系，建构属于自己的行为模式、思维模式、解决问题的能力，在团体工作和玩耍中设立规则、遵守规则，从而发展逻辑能力，情感也获得了发展。孩子在与丰富材料的深入接触中，获得丰富的感官体验。在长期的自由工作和玩耍中，也会出现许多教育契机，老师需要利用这些机会来帮助孩子提升工作水平，寻找玩耍主题，提升玩耍中的艺术和文化内涵，并获得社会交往能力、观点采择能力的提升，加深对责任感的认识以及深入工作和探索的兴趣。

图十七

老师需要利用教育契机来帮助孩子提升工作水平。

### 3. 具有课程引领的能力

除自由工作之外，在芭学园教育的课程结构中还安排了每日主题课和生活主题课，教师要根据班里孩子的工作玩耍、品行发展、生活能力、生活常识等各个方面的需要，利用这些主题来设计合适的内容和方法帮助孩子获得成长。

### 4. 具有教学分析和设计的能力

每个班级的主班老师是班级全体老师和孩子成长的负责人，在遵守教育大纲的前提下，每一环节中的具体内容需要教师自己设计，所以教师必须能够准确分析本班孩子的发展需要，按这一需要，设计课程内容，使孩子的品行及生活技能获得提升。

### 5. 具有选择与设计活动的能力

在芭学园的课程结构中，除了自由工作、每日主题课、生活主题课之外，一些特殊的活动也是重要的内容之一，它是为营造氛围、感受特殊日子、群体情感建构、心灵感提升等而设计的。一个活动要指向多个教育目标，要挖掘每个活动的多种教育功能；每个活动要目标明确，合理选择教具、组织形式、方法手段以达到帮助孩子的目的。在课程结构中，没有规定必须要做哪些活动，不做哪些活动，教师需要根据班里孩子的状态和需求，为班级设计活动和活动的形式。所以教师要具有一定的审美能力、活动形式的积累及创造能力，方可设计出能够达到目的的活动内容、活动流程和活动形式。

### 6. 具有创设环境的能力

教师需要根据孩子兴趣动态，随机生成环境内容。围绕班级目标设计变更环境，去除背离与干扰目标的区域环境、材料；在环境中体现不同年龄、层次孩子的需要；明确每个环境区域的教育价值，了解每种材料与孩子发展的关系；提供难度不同的玩具材料，体现不同发展价值。使得班级不同特质、不同性别、不同年龄的孩子都能找到适合于自己的工作、玩耍材料。这样我们才能实现关注每一个个体的教育目标。

环境氛围和区域设计是教学的重要因素，教师要有能力使班级氛围既有文化内涵，又有艺术感觉，同时让孩子很容易进入工作，并能稳定地深入学习知识和技能，减少孩子因为无聊而产生行为问题或冲突的可能性。

### 7. 具有加工知识的能力

这是指老师对知识的理解、组织和变换加工的能力。教师要深刻理解教学内容，还必须具有组织知识的能力，具有使用各种表现方式来描述和使用知识的能力。比如，同一种现象，可以用语言来描述，可以用模型、图式来表现，作为精神遗产的传承人，教师在引领孩子对生活充满热情的同时，更要加深孩子对生活意义的理解，可以带领孩子去表演和表达这种对知识和生活的理解。

### 8. 具有调整教学空间和活动流程的能力

这里指教师要有合理分配活动时间，合理利用空间、提供材料的能力。要充分利用教育空间，根据需要随时改变布局，如移动桌椅、柜、床，尽可能多给孩子活动的空间，并使其具有教师要达到的功能；根据班级每一特殊时期的需要调整各种流程、环节和工作内容，实现教育为孩子"量脚做鞋"。

充分利用周围的社会、自然区域环境；活动区域分割合理，有明显标志，既封闭又开放，既互不干扰又方便交往；提供开展身体、认知、社会性活动的多种玩具材料，并保证安全、可操作，能吸引孩子活动；提供多功能、可变化的材料；鼓励孩子参与收集、分类、整理玩具。

### 9. 具有观察孩子的能力，能够因人施教

即教师要根据对孩子活动过程的观察，了解孩子兴趣、需要、性格、学习方式、行为习惯；具体客观地做观察记录或教育笔记，认真做观察分析、资料收集，记录与案例整理。承认每个孩子都有自己的发展潜力与优势；允许孩子按自己的速度前进，依据差异提出不同要求，提供不同材料，给予不同指导；依据个体差异安排适宜活动，让每个孩子都有感兴趣的活动，都能获得成功；评估孩子时，多纵向比较孩子自身的发展变化，少进行孩子之间的横向比较，不苛求孩子达到某种水平。

### 10. 具有情绪自控能力

芭学园教育要求教师在孩子面前有良好的情绪控制能力，任何时候对待孩子的态度要平静温和、充满爱。与孩子平等、愉快地沟通。在自己的情绪出现突然波动时，也能从保护儿童的角度出发，控制自己，找到最好的处理方式解决自己的情绪问题。

### 11. 具有与孩子良好沟通的能力

使孩子能在与教师的沟通中获得与人沟通的信心，并能够在与教师的沟通中按自己的速度把话说完，使孩子认知到自己能够获得教师的支持和理解。教师要能从孩子的表达中进一步理解孩子的内心世界，了解他们为什么会这样想，是出于怎样的思路，其中有什么潜在的观念，这些思路、观念是否恰当，不足又在何处，以便在今后的教学

当俩娃把老师的鞋涂胶、灌满沙子之后

中设计内容帮助孩子。

### 12. 具有坚定明确地展示自己的观点的能力

在表达自己观点时态度要明朗、坚定，让孩子明确教师的要求和态度，以便孩子选择自己的可控行为。在孩子面前坚持原则时，语言简洁、果断，不要说太长的啰嗦的话，态度要平静、坚决、肯定。

## （二）做孩子的引领者

### 1. 什么是引领

"引领"是芭学园教育中的重要词汇。对于行为主义教育来说，"训练"、"强化"可能是重要的词汇，对于建构主义教育，"引领"代表着老师对孩子的帮助。建构主义教育不主张由老师来主导、灌输和全部使用教授的方式直接教孩子什么，而是与孩子一同生活，帮助孩子由内而外地成长起来。所以"引领"代表着教育者间接地、不为孩子所发现地支持孩子和帮助孩子。

如果我们让孩子坐在那里或站在那里看着我们做，等我们做完了再让他们学着我们的样子从头做起，那么即使一件简单的事情，孩子也会单纯地去模仿我们或学习我们，从而丢失了自己的探索、思考、体验、总结和归纳的机会。同样的一件事情，我们是和孩子一起做，还是教孩子去做，产生的结果很不同：前者，给孩子留了足够的创造空间、感受空间和发展空间，让孩子发现自己能做到什么，从而认识自己，产生自信；而后者，我们占有了孩子所有的空间，并且让孩子觉得我们教的东西很难，他很难学会。

比如学习一段舞蹈，如果老师不告诉孩子"你们站在那里别动，看老师是怎样做的"，孩子就会在老师开始行动的那刻起跟老师一起做，他们会边做边观看周围的人，也会看老师，经过一段时间，他们已经能跟老师完全一致地去做这些动作、唱这些歌谣，在学的过程中他们没有意识到谁做得好、谁做得不好，或者意识到自己会还是不会，学习的过程也是无意识的，可是当他们能够完全做下来，并且能够带领别人去做的时候，他们会自豪地发现自己已经掌握这段舞蹈了——这时他们不会想到是谁教他们的，他们绝不会对别人说："我们会跳舞都是因为老师教我们，不是我们自己的能力。"他们会爱他们的老师，但不会把老师当上帝。

如果，在跳这段舞时，老师认为孩子们还不会做，让他们站在那里先看他做，当他做完一遍再让孩子们模仿他的样子去做，那么，即使一段很简单的舞蹈动作，在孩子眼里也会演变成一系列复杂的动作，并认为要学会那么一大堆动作是很难的。于是，他们会愁苦地告诉老师他们不会。一个传统的老师，如果没有发现自己的问题所在，就会把动作分解开来教孩子，孩子们学习这些分解的动作时，就失去了感受力，人类天然的对动作的模仿能力也会丢失。接下来能做的是，老师将动作分解，让孩子去重复地练习，这些重复练习让孩子们苦不堪言，对学习失去了兴趣。最后，学到的舞蹈是没有情感和感受、不带个人特质的机械动作，使舞蹈完全丧失了人类的文化和情感因素，舞蹈也不能称为舞蹈了。当这一切都结束的时候，孩子们内心里留下的印象是，老师教他们很辛苦、他们自己很笨，长此下去，他们感到对老师愧疚，这个愧疚像枷锁一样，重重地锁住了他们的心灵，使他们不再阳光和富有灵性。

所以芭学园要求教师对孩子进行间接的帮助，也就是引领。

### 2. 引领者所需要的特质

懂得孩子当下的状态和需要。懂得自己的行为怎样才不会给孩子压力，又能恰好地起到支持和帮助作用。

灵活多变地使用自己的已有经验和已有知识，去为孩子服务。

不露痕迹，不要使孩子注意到引领者的作用。

持续不断地探索引领的手段和方式，以致达到最终目的，而不会中途放弃。

### 3. 引领者所遵守的规则

在孩子需要帮助的时候才可以进行引领。孩子有时不会求助，需要引领者观察和分析，确定是否需要引领。

给孩子自己解决问题的机会，当发现孩子感到无助和愁闷时方可介入。

介入后，给孩子留下自己试验和探索的余地，不可将所有的工作全部替代孩子做完，要在恰当的时候撤离。

在引领时不可评价孩子，如："你怎么那么笨"、"小傻瓜"、"你错了"、"看，应该是这样的"……这样的话，会像标签一样贴在孩子的心中，他会认为自己就是你说的那样，并且去模仿你。

当你在引领过程中与孩子产生冲突时，要尊重、平等地解决你和孩子之间的问题，并利用一定的教育机会帮助孩子发现你和他的区别，提升孩子的观点采择能力。

## （三）不断自我提升

### 1. 为什么要提升自己

人类天生是一种需要不断地更新自己、不断地发展自己的动物，同时，人类也需要不断地付出体力和精力去进行创造和工作，在付出之后，人类需要看到或感到成功，来确定自己的付出是否有价值。对于成功而言，不同的人有不同的标准：有的人认为做成了很大的企业就是成功；有的人认为赚了很多钱就是成功；有的人认为，自己对自己满意就是成功；还有的人认为，一个能够让自己愉悦的过程就是成功。到底"什么是成功"，取决于自己的价值观，但只要是适合于人类生存的价值观，都是可取的，不适合的理所当然是不可取的。

这里说的"不适合"是指与人类生存的基本特质不相符，比如：人类天生是一种需要工作的动物，只要醒着，就会一刻不停地活动。我们可能会让我们的四肢不做事情，但大脑会去"做事情"；我们也可能会让我们的大脑不活动，但我们的肢体却可能不停地活动。有一部分人认为不工作、每天去玩就是享受，学习是一件最辛苦的事情……如果有人到四十岁或者五十岁还在工作和学习，人们就很同情他；如果这些人是为了玩而去做事或学习，人们就

芭学园2017教育研讨会

会赞扬他、羡慕他。其实不管是为了玩还是为了工作，性质都是一样的，只不过工作有人付报酬，玩耍没有人付报酬，这就使得工作成为一件不堪忍受的事情，为了工作去学习，也成为一件苦差事。如果我们能把工作变成玩耍，那么我们就会把工作变成为一件让我们乐此不疲的事情，使我们从中获得很多的享受，只要我们享受了，我们就会获得滋养和力量，就不容易感觉到厌倦和疲劳。

人一生都是需要学习的，我们要让自己为一生要做的事情感到愉悦，而不是寻找痛苦的感觉。

智慧的人，一定会让自己爱上那些为了生存而必须要做的事，爱上一辈子必须要生活在一起的人。怎样才能做到这两点呢？那就需要提升自己，让自己对自己满意，对自己所做的事情满意。怎样才能满意呢？就是让自己在做这些事情时如鱼得水。怎样才能如鱼得水呢？就要让自己的专业水平跟得上专业的需要，让自己在群体中成为一个受欢迎的被需要者，所以我们需要提升自己。我们一定要明确，提升自己不是为了单位和工作，而是为了让我们自己和我们身边的人幸福。

## 2. 怎样提升自己

我们怎样提升自己？首先我们要反思、了解我们生存的环境对我们有怎样的要求。

（1）专业能力的提升

就芭学园教育的领域来讲，也许你刚进入这个教育机构时感觉到这里也没什么特别，你看不到比你先来的教师在什么地方做得比你好，你能看到的是他每天做的工作还没有你辛苦、还没有你累，而他拿的工资却比你多得多——因此你的内心会感到非常委屈和不平，有很多人在这时选择了离开，这些离开的人可能一辈子都觉得自己离开是正确的。但是没有离开的人，在一年以后，就会发现自己什么都不知道，什么都做不好，甚至怀疑自己是否能够成为学习和掌握这种教育的人……出现这种情况的时候，说明你已经提升了，你从一个看不懂教育的人提升为能看懂教育的人。

这时，你可能又会产生要离开的念头，因为你不知道你什么时候才能成为像你佩服的老教师那样的优秀教师。这时，你就需要去分析一下他所走过的路，看看他读了哪些书、做了哪些事。学习他走过的路，也去读那些书，也去做那些事，这样做并不代表你没有创造力，因为这时的你就像要从河流的一边渡到对岸的人，你需要一条船——老教师走过的路和读过的书就是那条船，你可以乘着那条船，逾越那条河。等你到达了彼岸，你就不再需要船了，就可以走自己的路了。

你可能会想，什么时候才可以走自己的路？这就像孩子问"什么时候才到星期五"一样，时间是一个过程，过了星期一就是星期二，过了星期二是星期三，必须得到第五天才是星期五，成长也是这样，必须得走完那段路，才能到达终点。你能做的就是扎扎实实一步一步地走完那条该走的路。不同的是，有的人会走得快一点，有的人会走得慢一点，但是路程不会缩短。

对于芭学园的老师来说，如果你希望自己的专业程度能达到学园的要求，你需要接受：

A. 芭学园所有的内部培训：即使已经听过好多遍了，也需要重复再听。由于你的经验在发生变化，你每次听的认识和感受也会不同。一开始你不能全懂，后来你懂了，便全盘接受，再后来，你通过验证开始有了自己的认识和想法，培训对你来说就成了一把尺子，你可以选择自己比它长或比它短，比它左或比它右，它成了你的根，在它的基础上你决定自己该长多高、长多宽。

B.阅读老教师们都读过的那些书：在本书第65页推荐的书籍，是必须要读的。可能你读不懂这些书，因此可以通过读书会的形式，大家一起读、一起讨论，请懂的人来给大家讲解。一开始可能还是看不懂，但工作过一段时间后，再次阅读，你肯定会有不同的感受，看懂了很多内容，那时你会为自己感到自豪和幸福。

在深入阅读以上书籍并经过实践后，我们自然会获得提升。

（2）人格的提升

虽然人们说6岁的时候人的人格已经形成了，但形成了不见得是成熟了，就像一棵刚出土的小芽，它已经形成了树的最初状态，但并没有成熟，它还有无限的可能性，人是一种一生都可以改变的动物。

我们在家里与父母兄弟姐妹在一起的时候，可能看不到我们在将来的生存环境中，性格里的哪一方面是对我们有利的、哪一方面是不利的。也许你性格中的可爱、柔美、娇滴滴、耍赖、勤快……在你的父母面前都是非常适宜的人格特质，使你在父母面前如鱼得水，能使你做一个父母最喜欢的孩子，但是当你面对生存环境时，这些特质中的某些部分可能就会成为缺陷。

比如娇滴滴和耍赖，这些特点可能使你受到父母的疼爱，但到了工作单位，却是那里不需要的。如果你习惯了这样的特质，自己也许已经不太意识到，但在工作中，你却会发现，当你进行某一方面的工作时或遇到某些问题时总是碰钉子，使你的工作渐渐地不顺利起来。这时你看看周围，就会感到一些人和你过不去，感到一些时间是"倒霉的时间"，看到一些事情是"糟糕的事情"。如果这时你只是向外看，就会觉得自己很委屈，很不走运，觉得这个环境不适合你，你的抱怨就逐渐地多起来，最后使你成为一个群体中日子过得最不好的人，同时也成为人们最不喜欢的人。这时如果你还不能自省，你会继续认为这里的人都不好。

当你遇到这种事情的时候，就说明你需要提升了。你要把你以前所拥有的人格特质中好的部分发扬光大。所谓好的部分就是对你的生存有益的那一部分。把对你的生存环境不利的那部分缩小，或者暂时储存起来，留给你的父母，然后，练习增加你的生存环境所需要的那部分。

比如，你以前的柔弱、耍赖和娇嫩，先暂时收起来，让自己逐渐地变得坚强、热情、主动积极，如此一来你就提升了。当你的人格状态中既具备柔弱、耍赖和娇嫩的特质，又具备坚强、热情、主动积极的特质时，比起以前，你就会显得更加完善，更加适合于这个世界，于是你就成长了。重要的是，你会为自己的这种成长而感到愉悦，这种愉悦的感觉会支持你继续自觉地去提升自己，使自己最终达到令自己满意的状态。

**图十九**

当你的人格状态更加完善，更加适合于这个世界，你就成长了。

（3）社会性能力的提升

一个人在这个世界上会面对多个不同的群体，我们最先磨合的是与家人的关系，其次是与老师和同学的关系，再次就是与同事的关系。无论你是从同学的群体直接进入到同事的群体，或是从一个同事群体转到另一个同事群体，你都需要适应这种变化。适应有三个含义：

首先，你调整自己，使自己适合于你所面对的群体，融入他们。在融入过程中你会经历一段不舒服的时期，如果你的态度是要让自己适应于这个群体，那么你就必须改变自己，而不是抱怨这个群体没有很好地接纳你，同时保持自己的优良特质，直到最终被这个群体所接纳。在为融入群体而奋斗的过程中，实际上你已经在慢慢地改变，于是你也就慢慢地提升了自己的社会性能力。

其次，当你发现这个社会群体，有诸多方面是你感到不适应的，你发现他们有很多的特质都是对他们和对这个社会不利的，那么你还可以奋起改变他们。在一个缓慢改变的过程中，也许这个群体受了你的影响变得更加美好，对社会更有利，这时不但你自己获得了提升，群体也因你获得了提升。最要不得的是，当你提升别人失败后，抱怨别人不听你的，因而感到丧气和无助。作为一个领袖，钢铁般的意志是必要的，有效的行动也是你需要学习的。你会从这些方面获得提升，而这样的特质，无论走到哪里都是有用的。

再次，当你发现面对的这个新群体，有诸多方面是你感到不适应的，而你既改变不了自己，也改变不了别人；既不离开，也不想办法让自己快乐地融入，结果就会一直在苦难中挣扎，状态每况愈下。你基本不会在这个过程中获得提升，这对你的生命是没有价值的，所以你需要重新选择：或者选择放弃一些东西、提升自己，或者选择平和、安然地改变别人，或者泰然处之、让自己鹤立鸡群地活着。但是一个人无法不通过他人的支持而单独活在这个世界上，所以只要在人群之中，必须让自己与他人合作，要合作，就必须让自己有必要的社会性能力、基本的与他人沟通的能力，宽容他人的特质和不足，诚心实意地帮助别人、关怀集体，这些都是我们所需要学习的。

# 三、这样对待自己

## （一）具有良好的精神状态

芭学园的教育目标主要是帮助孩子形成良好的、易于生存的人格特质，除了帮助孩子按照他们的自然规律发展，完成大自然赋予他们的发展任务之外，一个高品质的精神特质是要老师来为孩子建构的，包括：阳光的、文化的、温和的、关怀的、接纳的、有力量的、"皮实的"、耐受力强等精神特质，而这样的内涵需要老师自身具备这些特质，并且有意识地营造，进而影响孩子。

要真正地理解孩子或者说比较好地引导孩子，老师自身的状态是非常重要的，对儿童来说，与专业的知识和老师个人的品质素养相比较，一个老师平和温暖的个性是更加重要的。

要给自己的精神和生活最好的养料，物质层面的品味也是有要求的，如果你的生活里到处都是塑料，那你就很难理解为什么要给孩子有生命的、品质比较高的工作材料，所以老师自己生活中的审美造就了和孩子相处时的状态。

这一切开始对老师来说会比较难，但坚持下去，慢慢地就会内化为自己精神特质中的一部分并享受其中。

老师还要努力地提升自己的精神层面，很多有关心灵发现和成长的课程、书籍都是很好的精神力量来源。其次，艺术也是最能帮助和滋养人类精神的元素。当老师慢慢地努力去发现和提升自己时，就能学会很好地照顾自己的心理，同样，只有会照顾好自己的成人才有可能真正地照顾好孩子，理解和洞察孩子。这种照顾不是单指生活的照顾，而是在自我提升的基础上，给予孩子发展所需要的理解和帮助。

老师要有开放和接纳的心态。在我们学习教育知识的过程中，老师自己也会有这样那样的冲突，比如由不同教育的比较带来的疑惑，不同理论间的差异等，所以老师开放、接纳的学习态度就尤为重要（这也体现了我们的教育口号"孩子是脚，教育是鞋"）。所以说无论哪一种教育模式，孩子是最好的参照物，适合的才是最好的，这其中包括了好的、比较先进的教育的共通性，因为人类的发展和

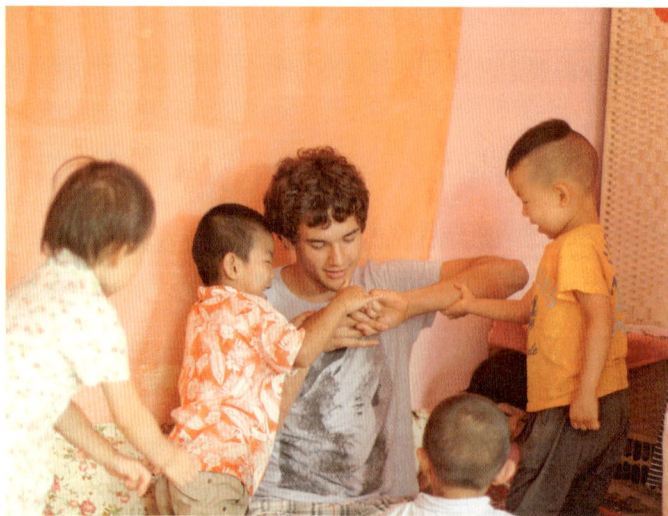

**图二十**

对儿童来说，与专业的知识和老师个人的品质素养相比较，一个老师平和温暖的个性是更加重要的。

儿童的发展都有固定的自然规律。在教育比较中，每一种教育都有合理和可用的成分，老师有选择地接纳、吸收、学习，对理解儿童和帮助儿童是最有用的。

## （二）具有开放的态度

"开放"的本意是"解除封锁、禁令、限制等"。作为教育者，开放是指接收、使用各种理念，按孩子发展的需求制订教学计划，以及接纳家长意见、行为和想法。

基本要求可以从几个方面来讲：

### 1. 开放地吸收教育理念

经常会看到这样的事情，信奉某一理念的教师会很排斥其他的教育理念，更有甚者会对使用不同教育理念的老师指指点点，非但如此，脸上还露出不尊重神情，使得持不同观点的同行非常不舒服。

根据一些资料的记载，很多教育理念的形成都与当时的文化背景和社会问题有直接联系，而且每一种教育都是在前人探索的基础上发展起来的。即使别人的观点与自己的教育观点相左，也为我们提供了参照和比较的机会，所以我们应该怀着一颗感恩的心，来感激世界的丰富性。

芭学园的教育并没有做理念方面的创新，只是吸收了多种教育理念和教育方法，结合当今中国国情，为当代的孩子和家长而创设的教育。

我们的教育立足于建构主义理论，其以发展心理学为理论支持，来源于皮亚杰、埃里克森、霍妮、弗洛伊德等人的研究。我们的教育又融合了蒙特梭利教育、华德福教育、瑞吉欧教育、奥尔夫音乐教育等元素。经过多年的实践与研究，在兼顾中国国情、融合西方学前教育理念的前

图二十一

教师应开放地接纳不同性格的孩子。

提下，我们总结出一整套集教育理论、儿童心理学、儿童成长机制、课程设置、课堂实践为一体的教育体系。

## 2. 对我们自己开放

作为老师，我们应当怎样开放地教学呢？我们原有的教育经验就是上课时老师在上面讲，学生在下面听，然后老师通过问答、考试来验证学生的能力，学生的优劣以考试分数的高低来界定。这样的教育观念显然与我们要从事的教育不一致，也就是说我们不能利用从前我们家长和我们的老师传给我们的经验来从事我们的工作，我们必须推翻几十年的传统印象，从头学习，改变自己的习惯，经历一个成长时期，才能掌握这种对我们来说全新的教育理念和方法。在学习的过程中，我们必须抱着一颗开放的心，站在将要接受的理论的角度，试验以哪一种思想考虑问题和观察问题，找到自己与它的契合点，以此提升自己。

要使自己不脱离芭学园教育轨道来创造教育方法和执

行教育任务，教育者不再只是依照自己的意愿设计活动及布置情境，而是要从观察儿童中得知他们的兴趣与需求，以及对他们有意义的事物，然后再去创设情境及设计活动，使情境能与儿童的生活经验相似，生活能够对儿童的发展有意义，从而引发他们的兴趣与专注。

### 3. 开放地接纳家长和孩子

要对不同的家长和孩子持开放的态度。芭学园的家长很多都是社会各行业的精英，因为职业的原因，形成了不同的解决问题的模式，再加上不同的家庭文化会产生不同的性格，所以一些家长面对某些问题时的行为与众不同，有时这些行为会让老师感觉被质疑或面临较大挑战。但是，家长们这么做也只有一个原因——为了孩子。作为教育者应持有的态度就是开放地接纳他，然后慢慢地帮助，直到有一天他们会真正信任你。当然，来自不同家庭文化背景的孩子也会有不同的性格，养育方式的差别也会使孩子的状态有很大的不同。被养育得过于精细的孩子各个方面都发展得比同龄孩子弱，作为教育者不能因此对孩子产生反感、厌恶，也不能因为喜欢某一个孩子，就过多地去关注。教育者的正确目标，是使孩子的成长朝向易于生存的方向，朝向将来社会所需要的人格品质建构。

### 4. 开放地融入教师团队

古人云：一人计短，二人计长。在教师团队中，不同的老师在处理问题时会有不同的想法和看法，作为教育者应当开放地听取不同的想法、接纳别人的做法，这样才能更利于班级的建设，有利于同事和自己的成长，与同事关系融洽，最终使班级的环境、氛围更有利于孩子的发展，同时也滋养老师自身的幸福体验。

## （三）具有创新精神

### 1. 为什么要创新

孩子本身就是一个创造的奇迹，他们从无到有，在自己生命中展示了大自然伟大的创造力。作为人类我们能意识到我们每个人都是这样一次创造的产物，于是我们敬畏儿童，也就是敬畏自然；敬畏自然，也就是敬畏创造，所以，创造是人类生命的本质。

回顾人类的发展历史和我们身边的事物，没有哪一次重大的转折不是来自一次创造，也没有哪一次辉煌不是来自一次创造，所以最能愉悦人类心灵的就是体验到创造的

图二十二

保护孩子的创造力、发展孩子的创造力是芭学园教育中最重要的内容之一。

快乐，最能够震撼人类心灵的也是创造。在这个世界上，人类是具有创造力的生物，创造使人类感到愉悦。保护孩子的创造力、发展孩子的创造力是芭学园教育中最重要的内容之一。作为教育工作者的教师，在帮助儿童这个自然的创造奇迹的时候，我们必须具有超凡的创造能力才能够识别儿童的创造、敬畏儿童的创造、尊重儿童自然的特质，所以创造在芭学园教育中占据着极其重要的位置，正因为如此，我们给老师提供尽可能大的空间去发挥和创造，老师必须利用芭学园给老师提供的平台尽可能地拓展自己。

### 2. 怎样创新

创造分为"普通的创造"和"伟大的创造"。将已有的作品和事物加以改造，叫做"普通的创造"，如将一个炒菜用的炒勺拴上绳子，装上辘轳，便成为孩子们的小车子，这就是"普通的创造"。如果这个世界上从来就没有炒菜的锅，大家都在用煮米饭的锅炖菜吃，有一天你突发奇想要创造另外一种更加可口的菜肴。你经过了一系列的试验，发现把油放在锅里、把菜放在里头干烤后味道很好，你给这种做菜的方式起名叫做"炒"。进而你又发现，用煮饭的锅炒菜特别浪费，因为两天就炒坏了一个锅，成本太高了，于是你开始试验制作一种很厚的可以炒菜的锅，最后创造出了一种炒菜锅，这个从无到有的创造就是一个"伟大的创造"。有人认为 20 世纪世界最了不起的发明之一是方便面，所以，"创造"不在于领域的高低，而在于它创新的程度。

作为芭学园的创新，是服务于孩子的，不是服务于创造本身，我们要根据孩子的需要去进行创新，而不是认为"创造在芭学园教育中是重要的，每天只花精力在创造上"，而不顾孩子的需要。这样的事情在中国是不少见的，有一部香港的影片，名叫《国产007》，影片中主角创造了很多各式各样的新奇物品，这些新奇物品都是为了创造而创造的，不是为了实用，结果只是浪费了大量的人力和物力。芭学园不赞成这种创造行为。

芭学园所需要的创新领域有以下几个方面：

（1）教具的创新

- 有生命象征的玩具，不只限于人的创造，如目前教室中的木头动物和布艺娃娃。
- 无生命象征的玩具，不只限于大型积木与自然木块。
- 可供孩子独立探索和独立工作的材料，在这方面有无穷的创新空间。
- 可供孩子进行文化探索的教具。
- 可供孩子认知自己能力的领域。
- 可供孩子重复工作的领域。

（2）精神产品的创新

教具属于有形的作品，晨圈、活动、课程和氛围都属于无形的精神产品，这一方面也需要大量的创新，创作内容可以从以下几方面来进行：

- 晨圈的类型：可多种多样，如有力量的、活泼开放的、柔和平静的、带有浓厚中国文化气息的、带有浓厚民族气息的、带有浓厚地方特色的。
- 活动：除了现有的节日、生日、远郊、野外生存之外，还可以创造与人类生活经验相关的特殊活动，如：跳蚤市场、帽子日、零食日、奇怪发型日、眼镜日等。
- 课程：除了现有的每天一节的固定课程以外，还可以创造出其他类型的课程，如根据季节的变化创造出相应的连续课程内容；在固定的主课课程内容中，也可以创造出一些学术系统和技术系统以更换陈旧的内容；可以创造出更加适合孩子，能使孩子收获更多的课程模式。

- 氛围：目前芭学园的教室氛围比较接近于华德福教育的教室氛围，我们可以在内心审美和文化的支持之下，创造出更加生活化、更加朴实的教室环境氛围。

## 四、遵守芭学园的教师守则

1. 在任何时候，见到任何一个孩子，都要面带微笑，热情地问好，并将自己介绍给孩子。

2. 在没有获得孩子的接纳之前绝不要随意触摸他（她）。

3. 在和孩子第一次见面时，必须谨慎、真诚，要面带微笑以孩子容易接受的态度表达对孩子的关注和爱。

4. 绝不在孩子面前或背后刻意批评他；也不在孩子不需要时，刻意地表扬他。

5. 当孩子接纳你后，和孩子说话，都请使用"请"（请离开，请等待……）。

6. 发现有孩子需要帮助时，以商量的口吻与孩子说话，"我可不可以……"。

7. 对孩子帮助你做的每一件事，都不要忘记说"谢谢"，在你帮助了孩子时，也可以要求孩子向你说"谢谢"，这个时候请直接说"请说谢谢"，而不要用质问句，如："你该说什么呢？"

8. 当孩子做出可爱或可笑的行为动作时，不可以当场大声地笑或打扰孩子。

9. 诚心地辅导孩子，发挥他的长处，使他的缺点自然而然地减至最低。

10. 积极地准备一个良好的环境，并持之以恒地管理维护，帮助孩子与环境之间建立相辅相成的关系，指引孩子将每一件用品放在正确的位置，并示范正确的用法。

11. 随时协助解决孩子的困难，并倾听回答孩子的问题；在孩子希望你做出回应时，应及时反馈给孩子所需要的信息。

12. 当孩子工作出错时，不要立刻指出和纠出孩子的行为，让他能在当时或在其后自己发现错误并进行更正。然而在孩子做出损坏环境、伤害自己和他人的行为时，则必须立刻予以制止。当你发现孩子的行为不恰当时，你可以直接告诉孩子正确的行为方式，如"来，让我们这样……"，或"你可以这样……"，尽量不说"你错了"。

13. 孩子在休息、观看他人工作、回想自己工作和考虑做和选择时，都要尊重他，不要打扰他，或勉强他做任何活动。在你要对孩子说话时请先观察他（她），必须在恰当的时候对孩子提出你的要求。

14. 协助孩子选择合适的工作项目，当你发现一个孩子游离在环境中，你可以说："要我帮你选一个工作吗？"或"我们去一起工作吧"，把孩子引领到工作中。

15. 要不厌其烦地为孩子示范他先前不愿做的工作，帮助他克服困难，学习尚未熟练的技能，为了达此目的，必须准备一个生动活泼、充满关爱、有明确规律的环境，配合以温馨和蔼的语气和态度，使孩子时时感受到支持与鼓励。

16. 当孩子需要你的情感反馈时，一定给予所需要的反馈。

17. 任何时刻不可以背对孩子工作。

18. 以最和善的态度对待孩子，并将你最好的一面呈现出来。要理解"孩子所犯的一些错误都是合理的"。

19. 在芭学园的每一天，都应以舒缓、关注、和蔼的态度来进行工作，并让孩子接纳你。

20. 不可以将不良的情绪带到工作中来，不可以在无人观察的情况下用粗鲁的方式对待孩子，如有这样的行为并被发现，学园将给予降职和扣除奖金的处罚，如果在工作人员做过思想工作后，你的行为仍然存在，你将被视为不诚实而被辞退。

21. 在芭学园的工作时间，你都处于最放松最沉静的状态。

22. 要和班级中的所有教师亲密合作，及时有效地沟通，在完成自己的个体工作时，要注意整体的需求和其他老师的工作，给予最及时的弥补与配合。为孩子创造和谐友善的环境。

23. 在早晨孩子入园及孩子工作和活动的时间，不可以进行家长咨询，不可以接听任何电话或发短消息。

24. 发现家长有违反芭学园给家长设立的原则时，要及时提醒。

25. 对任何同事和相关的工作人员有猜忌和疑虑时，请第一时间与当事人沟通。

26. 对任何人有不愉快和冲突时第一时间与当事人解决，如果无法解决可向本单位领导或办公室主任或直接向董事长寻求帮助。

27. 分工照顾那些饮食需要特殊照顾的孩子。

28. 安抚忧伤的孩子：

① 尽量用工作和其他孩子的活动将他从忧伤的心境中引出。

② 让孩子将自己的情绪感受用语言表达出来。

③ 不要在孩子伤心时劝他吃饭，负责留饭的老师要继续负责这个孩子的吃饭和热饭。

29. 一天里任何时间都和新生在一起。

30. 给新生介绍全园的工作室和活动场所，以及卫生间、厨房、饭厅和卧室。

31. 和孩子一起工作，吸引那些观看你工作的孩子，给他们分配任务，使他们发现工作并进入工作。

32. 你在工作中所做的任何事情只要适合孩子，都要以缓慢的动作一步一步地展示给孩子并准备他们的加入。

33. 对有困难的孩子要持续进行帮助，直到问题解决为止。如果因其他工作不能持续，则将自己的工作交给负责人，由负责人另行指派别人。如果你与孩子发生冲突，一定要等冲突解决后方可离开。在离开时须征得孩子的同意。

34. 感受那些情感需要帮助的孩子，用恰当的方式给予情感帮助。

35. 帮助那些四处游荡，不能进入工作的孩子，并能在适当的时间撤离。

36. 将个人的文化感受与孩子提供给你的机会相结合，不遗余力地引导孩子关注高层精神内容。

37. 将美随时随地提供给孩子，让他们发现并意识到美，进而去感受它。

38. 熟练掌握芭学园的教育方法，深刻了解教学内容。

39. 掌握基本的儿童心理学知识，随时随地能发现那些需要帮助的孩子。

40. 与孩子平等，尊重孩子，孩子也会尊重你。

41. 以平静、坚决、肯定的态度为孩子建构原则和纪律，对不遵守原则的情况一次也不放过。

42. 着装要美。在教室里不可以穿灰色、黑色和色彩过分鲜艳的花哨衣服，所有的女教师须穿长裙。

43. 时刻意识到你和孩子在一起时带给他们的氛围是什么。审视自己，剔除粗陋、慌乱、焦虑、狂喜、忧伤、愤怒、鄙视等不良状态。

44. 不可以对任何孩子抱有偏见。当孩子有问题时要抱着怜悯的心态去帮助他们，不可以因自己憎恶的某一种现象出现在孩子身上而对孩子有不良感受或厌恶心理。

45. 向家长耐心介绍孩子的情况，认真解答家长提出的问题，如果自己不能解答则向其提供解答途径。

46. 每一位老师必须阅读孩子的档案，对孩子的情况了如指掌。

47. 热情而礼貌地接待来访者和参观者，为他们解答问题。如果你正在工作，请向来宾说明并指明可解答问题的人，以及他们所在的地点。

48. 关心和善意地照顾陪同孩子的家长，向他们传授正确的对待孩子的方法，并指导他们陪园时该做的事情。

49. 照顾那些生病和新来的同事，对他们进行各方面的帮助。

50. 孩子有任何身体方面的不适，应立刻给家长打电话，要求家长接治。如果情况紧急可以选择最快捷的方式到家长指定的医院先行治疗，但必须在得到家长同意之后方可进行。

51. 孩子如果出现伤情，第一时间通知家长并立刻到最近的最好的医院处理。

52. 在任何情况有任何伤情必须报告执行园长，不得延误。

53. 任何孩子有不必治疗的病情必须向家长了解病情状况、检查结果以及治疗手段。如果孩子有病请假，业务主管必须隔一天打一次电话慰问。

54. 任何孩子如有缺勤，业务主管须当天打电话询问。

55. 每天早晨必须有老师进行晨检，不符合晨检的孩子要以关爱的方式解决休园事宜：

① 给孩子的父母打电话。

② 安抚孩子并告知孩子已经通知家人，让家人来接，尽可能使孩子获得关爱。

③ 安排每班助教看护孩子，将孩子安置在校医允许的地方等待。

56. 根据天气情况为孩子设定合适的室内温度和更换合适的衣服。

57. 积极关心和参与园内的培训和团体活动。

58. 不可以因一个活动而催促行动慢的孩子，而是要发现孩子的需求对他们进行切实的帮助。

59. 以开放的态度接纳新的信息，努力提升自己的素质。

这些对老师的要求看似有些严酷，但如果老师们能在一段时间里按照这些原则要求自己，形成习惯也就不觉得有压力了。

# 第三章　教育环境说明

前面我们用了很大的篇幅来说明芭学园的教育理念和身为教师的准备，但教育理念必须被解码为课程才能被实践。对于芭学园的教育内容来说，用"课程"这词显得不准确，而且容易被误解，所以我们用"教学内容"来替代，指在芭学园中被教师们实践着的具体化的教育理念，而环境则是其中重要的内容。

在芭学园教育中，人人都知道儿童是环境的产物。我们知道人类的幼仔（婴儿）在出生时比任何动物的幼仔都显得更加不成熟和更加无助，这是因为没有哪一个哺乳动物像人类那样更加重视精神生活和精神发展，人类过早地出生是为了让物质的身体和精神的人一起生长，而精神的人必须在环境影响之下才能够形成。一个人的精神特质如何，除了先天的因素以外，就要看后天的环境如何了。芭学园之所以非常重视儿童所生长的环境，是因为我们认为儿童生长的环境就是儿童的精神子宫，环境担负着孕育儿童精神的任务，成人要精心地为儿童准备一个有营养的、高品质的环境。

综上所述，芭学园给儿童的环境分为两大部分，一部分是可供儿童探索的、代表着人类基础生活的物质，另一部分是可供儿童模仿和吸收的、代表着人类精神生活的特质。

## 一、环境概述

### （一）环境氛围

对环境氛围的要求是芭学园教学中最重视的环节，如果氛围不好，其他活动和教具再花样翻新对孩子作用也不大。环境氛围包括两方面：

第一，由物质形成的氛围，我们的教学环境中无论如何都会有一些物品，如放置玩具的小柜子、玩具、教室中的装饰、墙壁上的颜色等。这些物品并不因为颜色和质地方面的不同而在价格上有太大的差异，如我们把教室的墙涂成温暖的黄绿色，这跟涂成白色的价格是一样的，如果墙是黄绿色，买柜子时就考虑好跟墙相配，那么我们把柜子买成黄色和买成蓝色的价格也不会有什么区别。很多幼儿园喜欢把环境弄得花里胡哨，以为孩子就喜欢花花绿绿，实际上教室是孩子的家，孩子在教室中待的时间比在家待的时间要多得多，孩子在玩耍时偶尔接受一下那种花里胡哨的视觉冲击可能很高兴，但如果节日一样的环境成为孩子的日常生活，就会使他们内心乱糟糟的，孩子在幼儿园需要深入地吸收环境、探索环境，将孩子置于视觉嘈杂的环境，就像把他们置于听觉嘈杂的环境一样。

芭学园追求的环境是安全、温馨、艺术化、有节律、自由轻松、美好舒适、有序、有准备、自然、朴实、有生命感、有季节性、和谐、鲜活、合作、有交流、互动、充满关爱、平等的。

将下面的两张图比较之后，我们就会发现，第二张图虽然很完整，是理想的家居设计，但跟第一张图比起来就缺乏温馨和适合于儿童的柔软安全的感觉。第一张图是芭学园的娃娃屋，由于颜色不同和呈现目的不同，与第二张图相比显示出了不同的氛围。

第二，芭学园非常追求环境中人的关系形成的良好氛围，这比由物质形成的氛围更加重要。老师和孩子，孩子和孩子之间一定是像家人一样平和自然、和谐鲜活，是有

图二十三

芭学园的环境是温馨的,充满了适合于儿童的柔软安全的感觉。

合作,有交流,有互动,且充满关爱的,平等的氛围。在这样的氛围中,孩子才能没有压力,不巴结老师,不害怕老师,才能很好地与老师合作,老师也才能完成帮助者的角色。

老师们在幼儿园并不是在扮演教师的角色,而是选择了和孩子生活在一起,于是他们跟孩子之间的关系是平等的。

图二十四

芭学园的老师和孩子
之间的关系是平等的。

## （二）环境材料

芭学园的目标是帮助孩子建构完整的人格，培养孩子易于生存的特质，所以芭学园把成人基本生活的内涵微缩、打包，设置成幼儿园中孩子的工作材料，这些材料按照功能分为工作区。这样孩子拿着任何一个工作区的材料工作，他的能力都会朝着有利于生存的方向发展，为孩子建构起丰富的心智结构。

### 1. 供不同特质的孩子选择的物质材料

首先我们要提供可供各种不同特质的孩子选择的物质材料。

作为一个老师，你不知道你的孩子在一天不同的时间里、一年不同的日期里、不同的心情里需要什么样的材料，所以你最好把孩子在各种情况下所需要的物品都准备好。有供男孩子选择的材料，有供女孩子选择的材料，有供艺术型孩子选择的工作材料，也有供数学逻辑型孩子选择的工作材料。

给儿童提供的工作材料应该包含丰富的刺激元素，且应该是与生活相关的。

### 2. 供各种不同年龄的孩子使用的工作材料

芭学园采用混龄编班的方式，同一个班中孩子的年龄从两岁半到五岁不等。教室中投放的玩具一定是可供各种

**图二十五**

教室中投放的玩具一定是可供各种年龄段孩子使用的开放型材料。

年龄段孩子使用的开放型材料，这意味着，孩子必须投入自己的经验和创造才能使用这些材料。

如一些木段，两岁的孩子拿着它，只是对木头的质感和一段一段的木头形式感兴趣，他们可能会触摸它们，或把它们摆成一排，或拿它们当面包、电话，但一个三岁的孩子就有可能将它们和其他的材料综合在一起，一边摆一边叨叨着前几天跟爸爸妈妈到迪斯尼玩过的情境，还联合其他小朋友让他们扮演孩子，自己当爸爸或妈妈。如果是四岁的孩子，他们手里拿着木段，心里却可能在想着今天玩什么，跟谁去玩。他们会先找其他孩子，看看今天能跟谁玩，在找到伙伴后，他们会盘算，自己拿的这根木段能否吸引到那个跟他一起玩的孩子，如果估计的结果是木段还不够，他会马上放弃它转而去找别的玩具。像木段这样的玩具需要孩子注入他们的精神内涵来玩，所以多大的孩子都能玩，包括成年人也能玩。

### 3. 所有的物品都带有人类本质的生命功能

提供给孩子的工作材料要具有生命的本质。跟活人待在一起和跟一个橡皮人、塑料模特待在一起，给你的感觉是不一样的。尽管那个活人没有跟你说话，没有朝你微笑，也没碰你，但是他身上会散发出生命的信息。人身上是有生命的频率的，或者叫气场。如果大家的生命频率是向下的、低落的，那么整个气场的频率就是低的，反之，如果大家的生命频率是向上的、是高扬的，那这个气场的频率就是高的。为了使孩子获得很好的生命感染和震撼，我们给孩子的材料都是来自生命本源的。比如羊毛（来自有生命的羊的身上，并且被阳光温暖过）、松果（被阳光长期照射过，并且带有树的生命频率）、木块（来自自然生长的树木）。

**图二十六**

羊毛、松果、木块等材料在芭学园的教室中很常见，这些是来自生命本源的工作材料。

　　如果家长在家里给孩子买了很多塑料和铁制的小汽车，那么老师应该建议家长考虑减少塑料和金属制品的购买，给孩子提供带有生命本质的材料。

　　由物质构成的各个活动区域，本身是没有情感的，只有在老师用自己的心灵和思想使他们服务于孩子的时候它们才具有生命力。一个老师用自己的精神内涵可以使整个教室永远充满了勃勃生机和旺盛的生命力，所以教室对孩子最大的影响不仅是物质的丰富性，更是教师与孩子共同构建出来的有灵性的氛围和情感环境。如果教师是有感受力的、有情感的，那么教室里的工作区域和工作材料就会被布置成对孩子最有吸引力和感染力的模式。

　　除此之外，教室中老师与孩子融洽的、亲密的、能够给予孩子力量的关系是非常重要的。在老师和孩子建立起良好的情感之后，孩子才能完全接纳老师。只有在孩子接纳老师之后，老师才能成为孩子心目中的权威和榜样，孩子才会自发地去模仿老师，并受到老师的感染和引领。良好的师生关系会织起牢固的情感纽带，这种情感会扩散开来，扩展为孩子与同伴的良好关系、孩子与物品的良好关系。在这样的情感支持之下，孩子们会遵守教室里的群体原则，互相尊重、互相爱护。

在这种氛围之下，教师不需要对孩子进行严格的规则训练，也不需要担心与孩子之间有了情感后，孩子会不遵守原则、会胡闹，所以在教室中，良好的情感氛围是非常重要的，也是芭学园对教室氛围的要求。

## （三）环境布局

教室里所有的工作都是孩子未来生活所要经历的，在教室工作区中的玩耍就是为未来积累经验。在经验积累的过程中，孩子成长起来的情感、感受、想象力、创造力、思维能力、逻辑能力、解决问题的能力，是未来生活和学习的基础。但是教室如果布局得不好，孩子就不容易深入到工作之中，也不容易最大化地感受到每一个工作区带给他们的精神内涵。所以教室中工作区要布置得非常有智慧，工作区布置得如何，全看老师的文化素养和艺术素养以及对孩子的了解程度。如果教室里过于空旷，孩子就很容易在教室内奔跑，这种奔跑的氛围会影响到所有的孩子，使得孩子们无法深入地工作。如图二十七所示，这是一个空旷的客厅，家里有这样大的空地孩子就会忍不住在这里奔跑，如果我们给孩子建构的规则是在家里不可以奔跑，那么又在室内设计了这么空旷的地方，孩子就会因为没有遵守规则而跟家长产生冲突。图二十八展示的是芭学园里一个班的公共区，老师用小木屏风和地毯，把空旷的场地划分为一个一个领域，孩子就会以这些领域为边界选择自己的活动和行动方式。

**图二十七**

如果教室过于空旷，
孩子就很容易在教室
内奔跑，并会影响到
所有的孩子，使他们
无法深入地工作。

　　如果工作区之间的内容、布局不合理，工作区里的
孩子就会受到相邻工作区孩子的打扰，无法将精力聚集
在内心去感受自己的工作氛围。例如，将娃娃区与需要
大场地的大型搭建区放在一起，因为大型搭建的工作是团
队性的，环境必然变得嘈杂，就使得娃娃区没有一个安
全、内敛的感觉。方方正正的木块如果在娃娃区的旁边散
开，就会使得娃娃区的柔情与木块的坚硬之间产生不和谐
的感觉，如果再将孩子午睡的小床堆在娃娃区的门口，那
么娃娃区更像是在废墟中的一个窝棚，其美感和柔情便会
荡然无存。再如，将用来吃饭和工作的木桌，在一个教室
中分散开来，将工作区挤在墙边，当你走进教室时，会发
现屋子看上去像是一个挤满了课桌的库房，工作区有严重
的挤压感，使孩子无法深入地工作。由于工作区之间没有
用小柜子隔开，通畅畅的长条儿空间缺少生命感，孩子的
视野和精力都容易散开，也容易造成孩子游荡，无法深入
工作。以下是几个教室布置的案例，供老师们参考。图

**图二十八**

老师把空旷的场地划分为一个一个领域，孩子以这些领域为边界选择自己的活动和行动方式。

**图二十九**

这是一个半封闭的厨艺区，孩子在这里玩耍时需要安全的保证。

二十九是一个厨艺区，孩子在这里玩耍时需要安全的保证，为防止其他孩子有大型运动造成冲撞，这个区域选择了半封闭格局。而图三十是一个班的综合工作材料区，孩子需要尽可能开放地选择各种材料联合工作，所以在这里老师布置了开放性格局。

环境在有生命力的老师的作用之下才能具有生命力，教室的环境和物质要跟随孩子的发展，不断地调整和改变。

例如，在某一个时期，小孩子多于大孩子时，哪些物品需要放在重要显眼的位置，哪些物品需要多一些；在教室里的大孩子多于小孩子时，哪些区域应该扩大，哪些物品应该丰富，老师们应该及时作相应的调整。

教室是一个有生命力的空间，教室里的物品也应该被赋予生命，以跟随孩子一同成长和变化。

**图三十**

这是一个开放的综合工作材料区，在这里孩子们可以尽可能开放地选择各种材料联合工作。

## 二、各功能区介绍

### （一）手工区

#### 1. 概述

儿童出生之后，先探索自己，校准自己，再探索物质和他人。

探索自己包括探索自己的边界，这样儿童就能分清自己与物质的边界，分清什么是客体、什么是主体。

接着儿童会通过与物体的互动，借着物体进一步认识自己，在认识自己的基础上儿童才能深入地认识别人。

图三十一

手工区环境。

在探索自己和物质的同时，人类需要一步步地认识自己的能力。如果我们不否认人类成长具有这样的过程，我们在儿童的童年生活中就要考虑，他们的探索平台需要具有哪些基本内容——除了属于情感的，属于团队的，属于饮食的，属于文化的，属于科学的等内容，是否还要有精细制作的内容，让孩子发现他们可以用一些基本不相关的材料，制作出完全不同于材料本身的作品。如，"毛线"这种工具，在使用它之前我们完全看不出完成品将会是怎样的，它的用途也是人们无法预计的。一根毛线可以制作成小兔子，可以成为样子完全不同的毛线球，也可以成为一幅画的主要材料，还可以成为娃娃的头发，可以成为毛衣，而这一切变化都来自我们的双手。这样的工作既能练习孩子小肌肉的运用能力，又给孩子提供了创作平台，还使孩子在制作过程中得到了"延迟满足"的练习机会，使孩子发现要获得自己想要的结果、获得愉悦感，就必须要经历一个努力的工作过程，如果当时就想享受，那么就不会获得想要的那个结果。

有些孩子在成长过程中，家长为他安排好了一切，他却对生活丧失了兴趣，有的人一生在无聊地混日子，甚至最后会用自杀来逃避这种要命的无聊。

如果孩子从小就发现做事能使自己获得愉悦，不用挥霍很多钱也能让自己的生活质量提高，人们既可以从简单的生活中获得快乐又能贡献于社会，使自己的生活质量很容易就变得很高。人们就不会那么容易感到无聊，不会那么容易觉得生活没有乐趣。因此芭学园为孩子们提供了可以随时制作的材料。

像所有的幼儿园一样，手工是芭学园为孩子提供的重要工作之一。

**2. 工作内容**

我们常常可以发现孩子手上只要有了一个物品，就会想使用它，虽然使用的方式和目的有可能与物品原有功能不符。这个过程，既是游戏也是学习。鉴于孩子的年龄特征，手工区是一个让孩子感受美、表现美的小天地，它为孩子的游戏、学习与创作提供适当的环境和条件，营造宽松、愉快而有要求的氛围，让孩子自由观察、欣赏，任意选用不同的工具和材料与同伴友好地合作，有条理地进行各种美术活动，创造性地表达自己的情感与认识，从而发展孩子的审美能力。

手工制作是孩子非常喜欢的一项活动，它有许多的形式，如折纸、剪贴、染色等。它是培养孩子动手、动脑，启发孩子创造性思维的重要手段，是教师引导孩子发挥想象力与创造力的一种教育活动。在手工制作中，孩子可以直接用手操作简单工具，对各种形态（点状、线状、面状、块状）的、具有可变性的物质材料进行加工、改造，制作出占有一定空间的、可视的、可触摸的多种艺术形象。

手工制作活动对培养孩子的有意注意以及认真观察、耐心细致的习惯，对培养孩子的想象力和形成立体空间的观念都有非常重要的作用。一张张纸经过折、翻，形成了一件件形象夸张、富有趣味的作品，这种诱人的制作，使孩子们兴趣颇丰。

在芭学园的手工区中会有以下内容：

（1）毛线制品

毛线是一种很好的手工工作材料，它色彩丰富，并可设计出多项孩子能从事的活动。如：

毛线球：用两个纸板，在毛线缠绕下制成。这项工作刚开始老师应帮助孩子一起完成，让他们具有成就感，并发现制作技术，掌握之后孩子就可以自己独立完成了。老

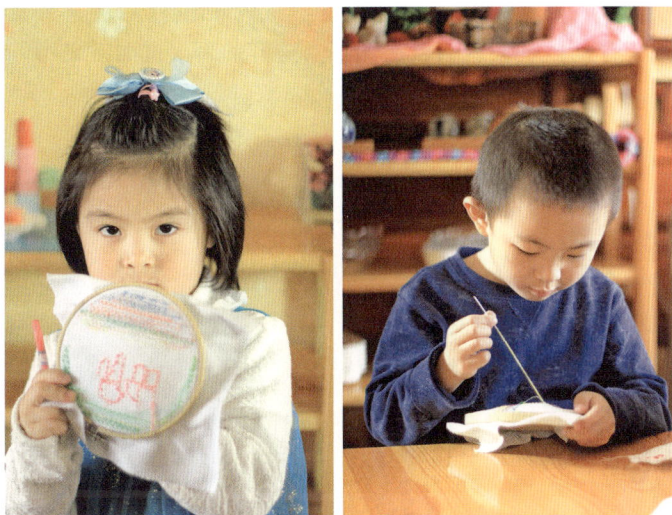

**图三十二**

将绣制作品做成具有
实际功用的物品，如
书包、置物袋等。

师要将一些纸片先做一个开头放在那里作为工作引领，另一些可以散放，由孩子自己开始，当孩子不能独自完成或没有发现做完工作的意义时，老师一定要支持到底，让孩子看到整个过程和成品的产生。

绣制：细毛线、粗毛线都可以用来缝制作品，在制作前要想好，制作好的缝制品是怎样用的。第一步，可事先帮孩子绷好绣框，这些工作一定要在孩子的观察之下进行。第二步，和孩子一起画上图样。第三步，穿针缝制。第四步，完成后使用。绣制完成后要制作成有用的成品，而不是把缝好的绣品扔在那里，不再理会，可以把它们做成书包、置物袋、收集袋，或妈妈的手机袋等。也可以将作品直接做成装饰品挂在教室里或娃娃区，或在展览区展示。

绕毛线：所有的毛线都可以让孩子来缠绕。

织：大一点的孩子可以在老师的指导下学习织毛线。可先织成片，再缝制成成品。

钩织品：老师在教室中钩织玩具时不要追求完成作品，

如果有孩子对老师的工作感兴趣，老师要先带孩子一起制作，否则孩子会认为自己做不了这样的事，进而对老师的工作不再感兴趣。

（2）缝制

指以布和针线为材料的缝纫工作。

老师要事先设计好一次缝纫的目的是什么，不是随便放一点布，让孩子随便乱缝。这样孩子不会有长久的兴趣，缝几下就会扔在那里，使缝制的工具篮成为废物筐，其他孩子也不会再关注这个工作，这样对孩子没有什么帮助。可以缝制的物品很多，如：

缝小被子：和孩子一起准备，先剪好被面、被里，准备好棉花，和孩子一起铺好后，慢慢缝制。

缝娃娃衣服：和孩子一起裁剪，剪好后和他们一起缝制。在做这样的工作时，老师千万不要急于完成制作，可以把给孩子们制作的娃娃的衣服与其他手工工作分开，这

给自己缝一身孙悟空的"皮毛裙"

图三十三

毛线织物在芭学园的教室中是重要的玩具和装饰品。

孩子是脚，教育是鞋

样就不急于在一时完成了，老师要帮助孩子，和孩子一点点地完成作品。

制作拼布被单：用各种颜色的布拼在一起做成一个被单供娃娃区使用。还可以准备白、黄、淡蓝的单色布，让孩子拿回家，和爸爸妈妈一起画上自己的作品，写上一段话，然后将孩子们的布缝在一起，做成一个小被子，供孩子们冬天在娃娃区活动时用于铺盖，或挂在班级里作为本班的标志。

（3）折纸

利用各种色彩、各种质地的纸张，和孩子一起折成可使用的纸质用品和工艺装饰品。老师要事先准备好，自己先掌握折法，然后教给孩子。由于这件工作难度过大，所以不适合孩子自己创造，当然可以给孩子专门的创造时间，但创造要在孩子了解了折纸技术和结果之后，否则孩子对这一工作的认识只会停留在胡乱折成纸团而已，并且将不再喜欢折纸，也不会从中发现自己的技术能力。

（4）用品制作

用生活中的废弃物品，或低价、环保的小日用品作为原料，制作一些可用的器皿、装饰品等。如，用用过的纸杯制作灯罩、台灯，用废报纸做大树，用印刷品制作灯笼、贺卡，用废纸盒做成房子和自己熟悉的环境沙盘，用蛋壳做画或艺术品，用树叶做艺术品相册，用碎纸装饰花盆，用旧衣服做小动物玩偶，用碎布贴画，把废报纸溶成纸浆泥来做成纸雕、纸质花朵，等等。

### 3. 工作环境

（1）自由的工作氛围

营造清洁、安全、温馨的半封闭式环境，提供各种材料和配合用品；提供工作桌和凳子，使环境具有能够让人工作的氛围，等待孩子们来使用。在自由工作时间，孩子们可以随时拿取任何材料，老师要根据孩子拿取的材料将匹配的工具和其他辅助材料介绍给孩子，使孩子能够真正开始手工工作。

手工区的位置要尽量靠近窗口，让孩子在光线充足的地方进行操作，有利于对颜色的辨识、保护视力；同时还需靠近水源，方便清洗。手工区要留有足够大的活动空间，在适合进行个别活动的同时，稍作调整后也能进行小组的活动；大型的制作和涂鸦甚至可以放在室外进行，以避免孩子彼此之间的推挤。

（2）可供模仿的作品展示

孩子喜欢重复，会尝试模仿其他孩子和老师的行为。因此这里的作品展示既可以是真实的物品、照片，给孩子美的感受；也可以是老师的范例，让孩子们知道该如何进行操作、游戏，并在模仿的基础上进行创造；还可以是孩子们自己完成的作品。当然这些作品并不是简单地、直接

**图三十四**

手工区材料的放置要井然有序，位置相对固定，便于孩子拿取和归位。

地贴在墙上，而是老师根据活动的目标经过构思后呈现出来的，例如，老师将做出的美丽花朵按颜色不同插在了对应的花瓶里。

（3）井然有序的材料放置

手工区往往材料繁多，如果老师不能有意识地设计摆放方法和位置，就会让孩子无从下手，或是不利于孩子养成良好的行为习惯，对小年龄的孩子来说更是如此。因此，手工区材料的放置要井然有序，位置相对固定，这样便于孩子拿取和归位。为了让手工区的东西一目了然，便于孩子取放，我们可以使用不同大小、颜色或形状的器皿来收纳，并在器皿上贴上不同的标志。材料和匹配的工具一定要放在一起，比如，不同颜色的粘贴材料和纸张放在一起，彩笔可以用经过处理的装豆腐的盒子收纳，而剪刀则是插入经过修饰的薯片筒，各种各样的手工作业纸按照它们的种类及难易程度分别用浅边的托盘装好，擦手用的小毛巾用彩色挂钩挂在美工区的墙面上。这样孩子们在归还物品时就会感到轻松，也便于老师随时检查孩子们使用材料的情况，并及时补充以免出现材料不足的情况。

（4）结合主题的随时调整

手工区内的活动内容不是一成不变的，它可随主题的变化而变化。我们可以根据主题的内容与要求在活动区中投放或调整相应的材料，加深孩子对主题活动的印象或理解，巩固孩子所获得的经验。


### 4. 工作材料和工具

（1）手工材料

有多个可供摆放材料和工具的开放式储物架，以及盛放材料的各种深浅不一的木制或藤制篮子和托盘，提供的工具包括：胶水、剪刀、订书机、纸张、颜料、画笔、胶棒、底板纸、粘贴纸、涂胶水的笔，等等。

各类纸张包括：背景纸——为了吸引孩子的目光、给孩子的操作提供暗示，在纸张准备上可以打破传统的白色长方形纸张，为孩子准备各种各样有造型轮廓的纸。比如撕贴面条时使用装饰过的圆形背景纸，就像小盘子；用彩泥制作苹果时，一棵大树轮廓的背景纸就成了苹果的家。操作用纸——根据活动的内容和孩子的实际水平提供不同材质、大小的操作用纸，如刚开始使用剪刀时，纸的宽度必须是让孩子能一刀剪断的（如小草），然后才是3—5厘米的宽度（如薯条），再慢慢地越来越宽，多层次呈现。

（2）清洁工具

在手工活动中清洁工具是必不可少的，比如供孩子粘贴时擦手用的小毛巾，方便孩子洗笔的小桶等。

（3）保洁用品

年龄较小的孩子常会在美工活动中不小心把衣服弄脏，把颜料打翻，因此保洁的桌布、围裙、抹布等必不可少，这样可以让孩子毫无顾忌地玩，尽兴地玩。

（4）剪刀

一定要选择圆头的安全剪刀，还可提供能剪出各种花边的花边剪刀，既满足孩子创作的各种需要，又增加活动乐趣。

（5）彩泥和模具

彩泥的颜色不宜过多，可以先从一种颜色开始，并创设一定的情境让孩子操作。还可以从使用模具开始，让孩子较容易地制作出具体造型，有成功感，再逐渐过渡到创造性造型。

在上述材料投放的过程中，老师还需要考虑几个因素：第一，材料要丰富，尤其是孩子用的各种纸张，摆放要便于孩子随取随用；第二，材料应根据孩子发展水平、结合主题活动逐步投放，随时更换；第三，充分利用废旧材料，做到勤俭节约，让孩子在操作过程中能获得多种感知经验。

### 5. 手工常识

孩子的手工制作不同于成人的手工活动。成人制作的意图是很明确的，或为观赏取乐，或为点缀装饰，或为创造价值；而孩子早期的手工制作多为自发型，就是玩耍而没有明确的目的。比如，孩子拿到一张纸，把它撕成碎片，原先并没有想到要用纸做个什么东西，只是出于好奇。折纸的行为使他们看到纸本身改变了形状，看到纸的变化，使孩子对活动产生了莫大的兴趣，但其意图是不明确的，因此，教师应注意帮助他们逐步地将制作意图明朗化。同时，在老师所选的手工制作活动中，应该保证孩子的安全，制作方法要简易，更重要的是要能快速地让孩子产生兴趣，并愿意去操作。

## （二）文化区

### 1. 概述

文化是人类生活的重要元素。如果说人的身体需要物质的营养，那么人的精神就需要精神的食粮，而精神食粮中很大一部分是通过文化形式存留在人类的生活之中的。

文化的内涵有音乐、舞蹈、美术、文字、语言等具体形式，还有一部分是无形的氛围和感受。

引领孩子从想象到动手创造

在芭学园里，我们将那些可视的、可触摸的文化用具放置在一个区域内，供孩子玩耍，使他们在操作工具后产生对文化的认知，这个区域就是文化区。由于孩子在将来的生活中会有文化生活的内容，所以人类文化的基本内涵也被微缩打包，放置在芭学园的教室中，成为一个文化区域，它与手工区、搭建区、娃娃区等同等重要。

**图三十五**

由于孩子在将来的生活中会有文化生活的内容，所以人类文化的基本内涵被微缩打包，放置在芭学园的教室中。

文化区使用的方式跟其他区域完全一致。文化区所放置的物品虽然有可用来写字的铅笔，有可用来绘画的工具，还有可用来发现数字的物品，但不同年龄的孩子会根据自己的需要，自发选择工具和材料进行工作和探索。当他们的年龄和状态没有发展到能使用某种材料时，他们就不会按照成人的认识去使用那种材料，所以我们不必担心文化区的材料会给孩子造成伤害，造成孩子的过早开发或消耗了自己的资源。

### 2. 工作材料

人类文化的基本内涵是：用笔和纸来表达自己的思想和感受，用人类创造的绘画工具，通过绘画的语言来表达自己的思想和感受，进而延展出用能够找到的任何材料创造性地去表达自己。孩子们要表达的内容在他们的身体里，我们能做的只是提供孩子们可以将这些内容外化的工具，这些工具包括——

第一组：铅笔，纸张，橡皮，铅笔削刀。

第二组：蜡块，蜡笔，画纸。

第三组：水彩颜料，水彩笔，洗笔的瓶子，抹布。

第四组：水粉颜料，水粉笔，水粉纸，调色盒，洗笔的瓶子，吸水的抹布。

第五组：用于粘贴的图形纸块和做底的有图案的纸张，胶水，涂胶，水毛笔，擦手抹布。

**图三十六**

不同年龄的孩子会根据自己的需要，自发选择工具和材料进行工作和探索。

第六组：用来记数的物品，包括计数量用的木蛋和数卡；计长度用的木棒或毛线条，及相配的数卡；计高度用的木柱和数卡；分类的物品；有刻度的倒水用的器皿；记录本。

### 3. 工作环境

文化区要求相对安静的环境，由于在区域内进行的大多是需要个体独立完成的工作，也是相对精细的使用小肌肉的工作，所以文化区的旁边不适合有娃娃区、厨艺区以及大型搭建区，而与情绪区和手工区相连比较适宜。

在文化区周围应放置可以陈列文化用品的工具架，工作材料应该按组摆放在工具架上，使孩子在工作中可以方便地找到相匹配的材料。在文化区中间要放置可供工作的木桌和木凳，孩子一般需要坐下来，然后在桌上完成自己的工作。

### 4. 工作要求

文化工作区内大多为需要独立完成的工作，相对其他区域，工作材料综合运用的机会比较少，建议要求孩子：使用完工作材料，须将材料归位后再拿其他的工作材料。同时要求老师向孩子展示每一项工作材料的使用方式。

## （三）娃娃区

### 1. 概述

在人的基本生活内涵中，吃喝拉撒睡是最主要的部分，在成年人的生活中，吃喝拉撒睡由于成为最基本的生活内容，所以不被成人注意，成人注意的都是事业的发展、个人资产的积累等。但是对于成长中的儿童，吃喝拉撒睡可是大事，他们就像成人的企业和财产积累一样重要。吃喝拉撒睡的环境从家中转移到幼儿园,每天在幼儿园要生活八九个小时,对于刚进入人类生活的儿童来说,如果这八九个小时只使用他们的大脑和肢体,即只有学习和工作,几年之后,儿童的情感系统可能就会慢慢被忽视。在童年时期,哪一部分的大脑功能被忽略,哪一部分就慢慢萎缩,不能很好地发展,而情感对于人类来说,是生活和生命的支持,所以我们不能让孩子在童年的时候由于情感没有练习和成长的机会而变得枯萎。

在一个人类居住的环境中,哪部分是肯定能够使用情感的呢?那就是卧室。每一个人都是一次爱的结果,而这个结果大多数是来自卧室,所以睡眠的氛围应该是能够滋养情感的。在儿童生活的环境中一定要有一个这样的区域,它可以使人放松,使人心灵柔化,使人获得休息,使人能够在这里产生情感或使用情感。所以,在芭学园的教室中一定有一个类似于睡眠环境的娃娃区。

另一方面,由于娃娃区内主要的玩具是与照顾行为有关的内容,因此孩子在这个区域玩耍时,必须使用移情,并且需要脱离以自我为中心。娃娃区也就成为孩子练习这两者能力的地方。

## 2. 工作环境

娃娃区一定要给人一种包容、安全、隐秘的感觉。如果用厚重的布料围成娃娃区,区内会光线不足,孩子就不愿意进去。所以娃娃区的布料一般都是半透明的纱,由于儿童生活需要获得有生命物质的滋养,娃娃区的纱也不宜使用人造产品,如腈纶、涤纶、化工等面料,最好使用棉纱、真丝、亚麻纱等面料做成。娃娃区越是让孩子进去后感到封闭和隐秘,越可以使孩子产生一种情感,所以娃娃区尽量放在安静和隐秘的位置,并且用纱尽可能地将它包裹起来。

娃娃区不一定全是粉红色，也可以是橘黄色、中黄色、杏花油色、浅玫瑰色等，这要看教室整体色彩的搭配。娃娃区内要放置一些可供孩子照顾的娃娃、给娃娃盖的被子、给娃娃穿的小衣服，还有可供孩子们自我装扮的纱和布料，供娃娃睡的小床和篮子。娃娃区周围要有小的栅栏，围出一小块空间来，这样就更加有家的氛围。

### 3. 工作材料

（1）照顾娃娃的工作材料

第一种娃娃，是腿和胳膊相对硬一点的，抱起来后腿和胳膊不会耷拉下去，脑袋也不会东倒西歪，还要有完整的五官。老师要将这样的娃娃每天像包婴儿一样包裹好，用细带子系好，放在摇篮里。最好在娃娃的被子上钉两个带子，供孩子们包裹娃娃使用。

第二种娃娃，是供大一点的孩子使用的，也是婴儿状态的，但胳膊和腿是软的，抱起来后腿和胳膊会耷拉下去，使得孩子们必须用手小心地端着它，还有可供这样的娃娃使用的小被子和单独包裹娃娃的带子。

第三种娃娃，是用来给孩子们练习自我照顾的。娃娃的衣服可以穿上和脱下，换衣服时，娃娃可以自己坐稳，要准备几套给这个娃娃穿的衣服和裤子，用小衣架整理好挂起来，这些衣服可以缝上各种各样的扣子、拉链、带子，供孩子练习系扣子、拉拉链、系带子等。

所有这些材料要用小筐子、小篮子分类装好放在娃娃区的木架上，老师要为孩子们演示怎样穿衣服，怎样系各种各样的纽扣，怎样包裹娃娃，并尽可能不参与到孩子的工作中去，但老师要观察孩子的工作，收集孩子所需要的工作材料，尽可能将孩子所需要的工作材料准备齐全。

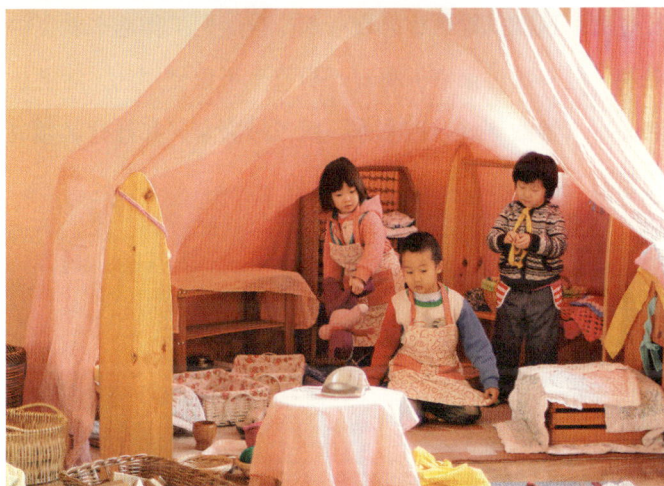

**图三十七**

娃娃区越是让孩子进去后感到封闭和隐秘，越可以使孩子产生一种情感，所以娃娃区尽量设在安静和隐秘的位置，并且用纱尽可能地将它包裹起来。

（2）装扮自己的工作材料

娃娃区中还有供孩子装扮自己的工作材料，包括各种颜色的布料、纱、真丝、绸子，以及发带、装饰品等，孩子们在娃娃区工作的时候总是伴随着自居形象和角色扮演，他们可能把自己装扮成仙女、公主、服务员、老奶奶、家庭主妇、爸爸、妈妈、厨师、医生，在扮演的时候，他们需要道具，所以娃娃区一定要给孩子们准备好装扮自己的材料。

（3）生活道具

娃娃区看上去是一个布娃娃生活的地方，但是由于孩子们在这个地方使用生活经验去进行故事情节的创造，所以除了照顾娃娃和装扮自己的材料之外，还需要其他类型的道具，如，可以作为菜的材料、可以作为饭的材料、可以搭成桌子的材料、用餐的器皿、买菜的篮子、手提包等。有的老师将过家家区、厨艺区与娃娃区摆放成相邻的区域，孩子们直接可以到过家家区拿来材料到娃娃区进行工作，这样工作材料就会联合使用，不用再单独准备；有的老师将过家家区和娃娃区整合在一起，孩子们工作起来就更加顺利。但有些过家家的材料是男孩也可以使用的，而男孩们又不太喜欢到娃娃区工作，所以过家家区和娃娃区做成相邻的、半隔离式的空间更加合适一些。

**4. 对孩子的工作要求**

孩子们在工作时需要脱鞋上地毯。

完全由孩子自发工作，老师只是展示照顾娃娃的技术，用行为让孩子感受到爱。

不能对布娃娃扔、踢、打着玩。

不可以破坏布娃娃和弄脏布娃娃。

将不工作的布娃娃和小动物归位，然后再选择其他材料。

在离开娃娃屋时要将自己的工作材料归位。

**5. 对老师的工作要求**

在孩子入园前，老师为娃娃区布置出能够使孩子产生感受和情感的氛围，并创设能够引领孩子关怀娃娃的情境，整理好娃娃区的材料。

要及时补充娃娃区的工作材料。

及时发现娃娃区工作中孩子出现的不当行为，对其进行帮助。

## （四）综合搭建区

### 1. 概述

综合搭建，是教室内非常受男孩子欢迎的一个工作区，这里的工作材料主要是大型积木和木段，与过家家区共同使用的木马和其他自然类型的工作材料。综合搭建能够使孩子实现自己的设想，通过使用物体来发现自己的能力，通过与同伴一起工作、产生工作结果，获得自己在社会中的自我位置以及被接纳与否的认知，获得观察别人、采择别人观点、提出良好建议、实施别人的意见、说服别人和顺从别人的练习，这是芭学园工作区中重要的区域。

**图三十八**

综合搭建能够使孩子实现自己的设想，通过使用物体来发现自己的能力，通过与同伴一起工作、产生工作结果，获得自己在社会中的自我位置以及被接纳与否的认知。

### 2. 工作材料

工作区中主要是各种形状的大型积木，也可以做一些空心的大木盒，因为空心木盒重量较轻，不会砸伤孩子，且便于孩子们建造后进入到自己垒好的城堡或房子中去。如果能找到轻的桐木木板，可以准备一些供孩子们搭建房顶。

搭建区的工作材料，不见得一定要形状特别多样，但是基本的长方形积木、正方形积木、木柱、木板需要供应充足，而这一部分的工作材料，需要老师在观察孩子工作后向园内后勤部申请，由后勤部集体加工后再供应给各班孩子使用。

综合搭建区内可以铺上工作毯也可以不使用，如果要使用工作毯，要选择亚麻这一类相对比较硬的，表面相对平整的。

### 3. 对孩子的工作要求

工作时要穿上室内鞋，以免积木倒塌砸伤脚。

所有的工作材料都要轻拿轻放，不可以互相磕碰，不可以用积木砸地板，不可以扔积木。

不可以相互拿积木打闹玩。

爱护别人的工作成果，不可加以破坏。

工作结束后所有的材料要一起归位。

### 4. 对老师的工作要求

在孩子到来之前准备所需工作材料或和孩子们一同寻找适合工作的材料。

介绍和演示工作材料的使用方法。

在孩子对工作感兴趣后老师要及时撤离。

如孩子对教师演示的工作没有兴趣，老师应给孩子留一些空间，让孩子自己观看和选择。

当孩子在长久的工作中表现出不耐烦时，老师要不动声色地加入工作进行引导，当孩子再度投入工作时要及时撤离。

当孩子不当地使用工作材料时，老师要帮助孩子正确使用工作材料并将每一个步骤缓慢地讲解、演示给孩子。

任何老师在引导孩子时，刚开始孩子就感兴趣的话，老师要及时地分配工作，让孩子与老师共同完成工作。

工作结束后老师要给予具体的评价而不要刻意地去夸赞。

在赏识孩子时要从他的作品出发去肯定和赏识。

老师在为孩子进行工作引领的时候一定要注意孩子的安全，并为孩子建立起良好的工作规则，使所有的孩子都能遵守工作规则。

当老师需要离开工作区时，应把工作区域交给其他老师管理后才可离开。

工作材料要恰当地、有序地、整齐地放在固定的位置上。如发现有破损应及时修理。

### 5. 工作环境

由于工作区需要孩子长时间付出努力去工作，孩子们非常珍惜自己正在搭建的或已经搭好的作品，为了使搭建区的孩子能够深入持续地工作，综合搭建区的两边要用教具架进行隔离和阻挡，以免其他孩子路过时损坏搭建区孩子的工作成果，造成不必要的冲突。

综合搭建区的工作材料可以放在大木筐里，这样孩子归位时不会因为心力透支而对归位工作产生畏难情绪。当然也可以在工具架上进行分类归位，这样可以培养孩子进行分类归位的能力，但一般在搭建区工作之后，孩子常常已经筋疲力尽，而且使用的工作材料过多，使得归位成为一项艰巨的工作。在长期工作之后，孩子看到还有这么艰巨的任务在等着他，就会感到非常苦闷，因而拒绝归位，久而久之，孩子就对整理房间和收拾东西产生抗拒情绪。所以可以选择将一部分物品分类，整齐地摆放在架子上，将细小的物品分类装在筐子里，而当这些细小的物品自然地装进筐子里的时候也会产生意想不到的效果。

## （五）户外大型木工区

### 1. 概述

孩子们属于大自然，他们天生喜欢木头、石头、土、泥、水和沙子，芭学园已经为孩子们准备了玩沙、玩水、玩泥的地方，当然也不能缺失与木头打交道的地方。从古到今，木头就是人类生活的主要依赖物品之一，怎样利用木头是人类的生活基本内涵之一。所以芭学园必然要为孩子们准备可以使用木头进行工作以及探索木头可塑性的场地，这就是户外大型木工区。

在这里，孩子们可以像木匠一样，锯锯刨刨、钉钉打打，让孩子们感受到集体工作的热情和建造家园的感觉。

### 2. 工作材料

两个可以工作的简易、粗糙的木头平台：其中一个是高的平台，可供上肢工作的，高度大约在 60 厘米左右，长度在 1.2 米以上；另一个可供脚和手配合使用，高度在 15 厘米到 20 厘米之间，长度在 20 厘米到 30 厘米之间。

锯子、刨子、手钻、钉子、锤子、羊角锤和榔头。

各种木料，有大树墩、小树段、大木板，还有很长的树桩等。

白乳胶、砂纸、手套、小木凳、木墩。

### 3. 工作项目

把粗糙的木板刨光。

把树枝锯成树段。

在树墩上钉钉子，然后再拔出来。

做小木桥、小木凳。

给布娃娃做小木床。

给花做盆架。

打磨木段。

给木板、木段打眼，打了眼的木块可以放在室内作为拆装工作材料使用。

做小木车。

给种植区做木栅栏。

做玩具。

锯木扣（把树枝锯成小扣子厚度的圆木片）。

### 4. 对老师的工作要求

老师需要和孩子一起完成工作，向孩子展示每一种工具和材料的使用方式，反复、缓慢地向孩子展示每一项技术和制作过程。在使用一些比较大的锯子时，老师要和孩子一起使用。

将危险的工作材料搁置在孩子不易拿到的地方。在孩子需要使用这些工作材料时，老师便注意这些拿到工具的孩子，每一种危险的工具在工作区只放置一件，以便于管理。

每一种材料都恰当地放在一定的位置，所有的材料都保持自然的色彩。

孩子们进入工作时可以随意地自由选择，在选择后，老师会先演示基本的使用方法，等到孩子们明白了，可以让一位孩子先试试。这时会有很多孩子都想试，但由于材料有限，老师会让几个孩子先工作，剩下的孩子可以耐心地等待，也可以观看其他的小朋友是怎样工作的。

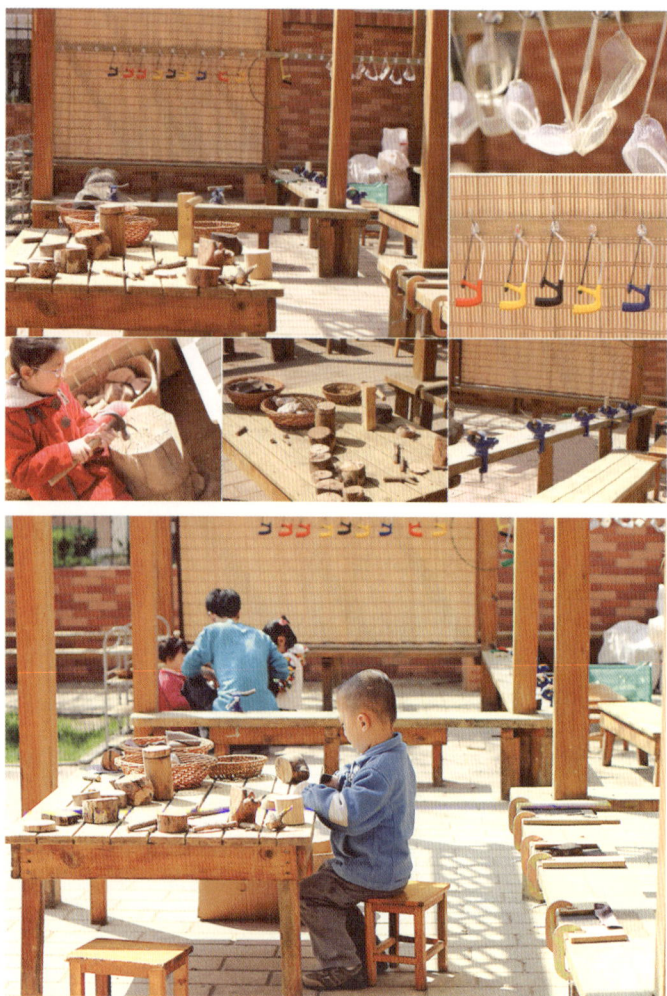

**图三十九**

在这里，孩子们可以像木匠一样，锯锯刨刨、钉钉敲敲，让孩子们感受到集体工作的热情和建造家园的感觉。

孩子工作的时候，老师一定是在旁边的，有时也可以帮助那些需要帮助的孩子，但切记不要在孩子工作的时候收拾材料，但可以把妨碍孩子工作的材料移开。等到孩子们工作完之后，大家统一唱着归位歌一起收拾。

## 5. 对孩子的工作要求

在户外大型木工区，任何人不能用材料嬉戏打闹，不能乱扔材料，也不能把材料拿到另一个工作区域，不可以在工作区奔跑、追逐、大声喊叫。

谁先来到工作的地方，谁先使用材料，后来的人要学会等待。

不可以破坏别人的工作。

不可以抢拿别人的工作材料。

如果孩子暂时不能在工作区工作，老师可以请孩子离开工作区，直到他真的准备好了，才能进来工作。

## （六）室内木工区

室内木工区与户外木工区相同的地方是都使用原始的木料，不同的是户外木工区只进行粗加工，而室内木工区进行的是细加工。这样的工作可以为大孩子提供制作成品的机会，以及持续地完成一项工作的可能性。

工作区需要一个工作桌，给工作桌铺上保护桌子的隔离膜，室内木工区属于小众群体或个体的工作，所以不需要太大的工作场地。

**1. 工作材料：**锯好的木块、木板，用来装订的螺丝、羊眼，白乳胶，固定胶粘物品的绳子，砂纸，装核桃油的碗，核桃油。

**2. 工作项目：**打磨木块；将钻好眼的木板装订在一起；将做好的原料黏合在一起，做成成品；将锯好的木扣打磨光滑，并画上花纹；给做好的玩具抹上油……

## （七）土木建筑区

### 1. 概述

土木建筑工作区设置在芭学园的院落之中，供孩子们

图四十

土木建筑区可以让孩子了解他们所住的房屋和所见的楼房是通过怎样的工作来建造完成的。

发现材料综合使用的价值，并且用建筑材料实现自己的想法。无论人类怎样发展，都需要遮风避雨的地方，建筑是人类生活的基本内容之一，芭学园设置土木建筑区，是为了让孩子了解我们所住的房屋和所见的楼房是通过怎样的工作来建造完成的。在土木建筑区工作，既锻炼了孩子的肢体，又给了孩子创想以及实施创想的机会。每年的春秋两季，是芭学园土木建筑区工作的最好时机。

### 2. 工作流程

老师可以将人类文化的内涵引入到工作流程之中。

第一步：和孩子一起观察建筑，在观察中，跟孩子一起讨论，将审美植入到孩子的建筑观念之中；在观察实物后，可以引领孩子观看一些世界有名的建筑图片或模型，可以将世界著名建筑的名称和地域引入与孩子们的交流之中，给孩子留下世界的地域及建筑丰富壮美的印象，为孩子的心灵种下一颗富有审美感的、能够感受到世界广阔领域的种子。

第二步：老师准备好纸和笔，将设计图纸的概念引导给孩子。老师可以先设计自己认为理想的建筑，在引起孩子的兴趣后，发给孩子们纸张，让孩子们每个人设计自己的建筑并加以说明，如果孩子不会写字，可以和老师一起想办法，用其他方式加以说明。

第三步：确定建筑方案。当讨论确定后（或举手表决），便开始分工，进行建筑前的准备，建立建筑队伍，推举建筑队队长，输入建筑安全规则、工具管理规则等概念，介绍使用工具，确认建筑场地。

第四步：搬运建筑材料。当建筑材料收集、搬运完毕后，方可开始建筑工作。

第五步：建筑工作开始，需要正规的建筑流程，如打地基、定坐标、吊线、分工合作等，建筑图纸需要张贴在建筑工地，每天妥善保管。

第六步：收工。每天收工时，需要将建筑图纸和所有的工具分类、归位，将土木工具擦拭干净，放在固定的位置，换下建筑服装，方可离开建筑工地。

这一流程需要在老师的帮助之下才能够完成，所以建筑区的老师要带领孩子持续地将一项工作彻底完成后方可结束工作。在开始时要有奠基的仪式，结束时也要有竣工的仪式。

### 3. 工作材料

首先是建筑工地用的雨鞋和防水裤、安全帽。

有致伤可能的危险工具每样只准备一件，每次由老师收起，工作开始时由孩子领取，老师要时刻站在拿着危险工具的孩子身边，或尽可能找到无危险性的工具代替。

基本的建筑工具有泥盆、瓦刀、泥抹、吊线锤、镐头、铁锹、铁锨、砖头、木板、木锯、榔头等。

4. 工作项目

草屋：由木头和干草搭成，工作材料由孩子和老师自发寻找和收集。

土木小楼：砖泥结构，木板搭顶，用水泥封顶并上瓦。

院墙或长城：砖泥结构。

**图四十一**

在土木建筑区工作，既锻炼了孩子的肢体，又给了孩子创想以及实施创想的机会。

搭锅台：砖泥结构。

垒兔窝或鸡窝：砖泥结构。

建城堡：土木结构。

搭凉棚：草木结构。

# （八）养殖区

### 1. 概述

芭学园的教育目标是为了培养易于生存的人，所以芭学园的孩子要适应基本的生存工作和人群活动，农业为人们提供了基本的生存必需品——食物，而养殖是农业中重要的一部分，人们照顾动物，又收到动物的回报。

孩子的本性是自然的，除了植物之外，动物也可以让孩子们亲近自然，在照顾动物的同时，孩子们也吸收着来自大自然的生命力量，由此他们可以认识到生命和爱。

鹅妈妈不孵蛋，一群小孩帮忙孵

### 2. 工作环境

养殖区应尽可能有牧场的情调，家禽被很好地照顾，所以应该有围栏、扫把、食槽、饲料、牧草。

在养殖区应养殖传染病少，易于和孩子相处的动物。

养殖区应每天打扫，给家禽添加定量的食物，并观察家禽的状态。

材料应准备齐全，有专门存放工具的地方，有水源。

### 3. 工作工具

打扫的工具：大扫把、铁锹，每种各两把。

放家禽饲料的工具：食槽、水槽。

铺窝或棚的材料：干草、玉米秆。

图四十二

动物可以让孩子们亲近自然,在照顾动物的同时,孩子们也吸收着来自大自然的生命力量,由此他们可以认识到生命和爱。

### 4. 工作流程

先制定每班的养殖计划,讨论出各班照顾养殖区的时间。

负责的老师要照顾好家禽。

在每个班承担照顾的时间里,要每天去照看家禽,打扫卫生,喂饲料和水。如果饲料或工具少了,应及时上报,以及时解决问题。

需分工的项目:

(1)饲料的准备(每一种家禽都需要其特定的饲料或植物)

(2)干草的准备

(3)养殖

(4)照顾

(5)给羊剪羊毛

(6)将羊毛洗干净并运用于教学当中

### 5. 工作要求范例——如何饲养小兔子

在固定时间里照顾家禽的老师应了解部分家禽养殖的常识和技术，班里的老师也应具有一些养殖的常识，这样才能更好地帮助孩子，使孩子在照顾家禽的同时可以了解养殖的常识。例如：

兔子要养在兔舍，地上铺水泥，再盖上一层土和干草，保持干燥、通风，有阳光，不能让兔舍潮湿，否则兔子容易生病。

兔子的食物以牧草为主，水果和蔬菜如胡萝卜、空心菜、玉米、菠菜、苹果、芥蓝、莴苣、茼蒿等也可以选择，甜度太高的水果不适合。如果是喂兔粮，可提供一些干净的饮用水，如果是喂蔬菜等有水分的食物，就不需要喂水了。

兔子有一些独特的身体语言，例如当它用后腿大力踏地时，即表示它很惊慌，觉得受到威胁；用后腿站起，表示它正在用视觉及嗅觉探测周围的环境；用下巴摩擦物件，是兔子的一种定下自己势力范围的方法，就像狗用尿来认定自己的势力范围一样；吃自己的粪便是兔子重新吸收营养的方法，不用大惊小怪。当它们有抓东西或含着干草四处走动的情况时，即表示它们想做一个草窝，这是雌性兔子发情或怀孕的征兆。雌兔怀孕后，应与雄兔分开，在笼内铺设稻草或其他干草，并用布将笼子围起，尽量不要碰触，让雌兔保持安静稳定。从怀孕到生产，雌兔将变得非常神经质，过分接触，雌兔可能会咬伤饲主，或会咬死自己生下的小兔。

## （九）沙坑区

### 1. 概述

6岁之前的儿童还保留着使用感觉器官去探索周围世

界的特征，我们观察发现，几乎世界上所有的孩子都对沙子特别感兴趣。沙子的手感是特殊的，有颗粒的感觉，又可以流动，在湿润的情况下可以任意塑形；如果用上胶水，将沙堆积后，还可以做出各种造型的沙雕……

芭学园一定会有供孩子玩耍和工作的沙坑。沙坑区不仅仅是一个用手去感受沙子的地方，也是一种群体工作和群体活动的场地。沙坑的周围要有与沙坑相匹配的环境氛围，如，可以将沙坑设在小树林的底下，可以在沙坑周围种上婆娑的竹子。在沙坑的旁边要尽可能地安装上水龙头，供孩子与沙子一起使用。

沙坑不仅仅是一个玩沙子的地方，它也是一个可供孩子进行建造和创造的场地。在沙坑区旁边要有工具架，提供各种挖掘工具、提水工具和浇灌工具，使孩子们可以在这里运用沙子和水这两种完全不同感觉的材质进行工作，实施自己的想法。

### 2. 工作流程

在沙坑里可以做很多工作，如水利工程：挖水渠、造河道，还可以挖地道，挖地洞，堆沙堡，做沙雕，做蛋糕……无论哪项工作，老师都要注意以下流程：

（1）挖松和翻晒沙坑，整理工作材料，将工作材料分类，放置在工具架上或沙坑的旁边。

由于沙坑区是孩子的皮肤会经常接触到的地方，所以沙子必须保持消毒洁净状态，老师必须在每天上午将沙子翻晒一遍，以便使阳光中的紫外线杀死沙子里的细菌。

（2）孩子到来后，老师可在沙坑旁边做自己的工作，同时观察孩子，在需要时引领孩子工作。

老师在户外尽量不要做室内的工作，可以收拾、整理沙坑周围的环境，也可以自己在沙坑里进行创造性工作，以引领孩子，但不要随便参与到孩子的工作之中。

老师要仔细地观察孩子，看看同一群体的孩子是否在持续的玩沙工作中，长久没有获得提升。如，一群孩子在一个月中，每天都在做大同小异的蛋糕和馒头，由于没有高水平的大孩子引领，孩子们无法提升和扩展自己的工作内容，这时老师可以去开创一个自己的沙坑工作，这个工作一定是能让孩子有新的发现的，而且是适合于孩子们做的内容。当孩子们参与时，老师可以将一部分工作分配给孩子，并支持孩子将这项工作完成——这样，孩子才能知道，自己从未见过的这个工作完成之后是怎样的。在这种阶段，老师不能放弃未完成的工作，这样会使孩子不再注意老师的工作，而且对老师的工作没有一个良好的认知，以后他们也不会关注老师的工作内容。如果孩子在老师的工作中能吸收到新的内容，他们会非常钦佩老师，而且会获得一个良好的印象，将来老师做什么工作他们都会很感兴趣，会自然地吸收，老师的工作也会很容易地起到引领的作用。

（3）在工作完成后老师要组织孩子们欣赏自己的作品，并使用恰当的语言使孩子们感受到自己作品的优秀之处。

这样，他们就会不断地在评价作品中提高自己的审美，并且会被自己的作品所鼓舞。之后，他们的创造会远远超过老师对他们的引领，并会在此工作领域中获得良性的发展。当孩子受到启发、能够自己工作时，老师就不再参与孩子的工作，等到此工作不再发展和前进时，再在这个工作基础上添加上新的内容。

## 案例：沙坑区活动，老师做什么

老师先跟孩子一起做了一条弯弯曲曲的河，孩子每天都在做各种各样的河，老师视孩子的情况在其中的某一天里，在河的一边做了一个水库，给水库安装上了水闸；当孩子已经给小河做了若干个水库后，老师可以在河上架上小桥；当河上架满了小桥时，某天老师又在小河的拐弯处做了一个环形岛，在岛上种满了植物；某一天，老师又在小河的另一边盖起了一间房子，并且开辟了一片农田，给房子的周围种上树，使这里成为一个村庄。

当这一场景完成的时候，老师带着孩子站在沙坑边上说："看，我们的大地多美啊！河流弯弯曲曲，绕过一座

**图四十三**

在沙坑里可以做很多工作，如水利工程：挖水渠、造河道，还可以挖地道，挖地洞，堆沙堡，做沙雕，做蛋糕……

美丽的岛屿，路过我们美丽的村庄，灌溉着我们美丽的田园……"当我们这样说的时候，孩子就会把他们作品中的情感纳入到心灵之中。我们既给孩子机会创造了这件艺术品，又让孩子审视和品味了自己作品的价值，同时，又将文学的描述渗透到孩子的心灵之中。这就是芭学园教育提倡的，利用每一个机会，对孩子进行尽可能多的帮助。

（4）归位工作材料。

当工作都完成时，孩子们一般都不舍得拆去自己的作品，老师也不必强求，但是一定要提醒孩子将工作材料归位、将沙坑周围的沙土扫回沙坑里、将捡来的树枝和杂叶扔进垃圾筐里。给孩子足够的时间去审视和回味自己的作品，不要催孩子尽快离开，一般孩子们会流连忘返，这样的工作如果能留到第二天，工作本身对孩子来说就会起到引领作用。如果工作被破坏了，孩子们感到不舒服，这正是一个教育契机，老师可以利用这个契机和孩子们讨论怎样保护自己的作品和沙坑所属权的问题。

沙坑既然是一个孩子们所喜爱的工作场地，那么它就是老师一个很好的教育契机。如果老师看到孩子在沙坑里玩耍、抓沙子就以为孩子已经在工作了不用干涉，这显然是不对的。每个班的老师应该根据自己班的孩子玩沙子的主题设计相应的引领计划，这样孩子在沙坑里所获得的成长就不低于在教具中获得的成长。

沙坑作品的处理根据各园、各班的不同情况而定，但沙坑工具在工作完后必须归位。

### 3. 工作材料

可装水的容器：小桶、瓶子、罐子等。

可挖沙的工具：小铁锹、小铲子、小耙子等。

可塑形的工具：各种小模具。

可组合使用的材料：各种大小的木板、各种形状的木板。

# （十）种植区

## 1. 概述

种植是芭学园教育中很重要的一个内容。农业和种植为人们提供了基本的食物，在农业和种植的工作中，人们照顾植物，又受到了植物的恩赐，土地不但滋养着植物，也滋养着人类，跟土地接近的人总是显得生命旺盛和健康朴实。

孩子像植物一样需要阳光和土地，在照顾植物同时，孩子也吸收着来自大自然的生命能量，农业工作使孩子的身体变得有力量，也使孩子了解人类赖以生存的食物是怎样来的，并认识到生命和爱的关系。

## 2. 工作环境

种植区应该尽可能有田园的情调。田地要有被照顾着的感觉，应该有农场式的围栏，围栏可以成为工作由班级来完成，农场应该有各种植物，由于种植条件的限制，最好种植易成活的植物。

农田应分为不同的田块，田块与田块之间用田埂分开，严格按植物的种植方式整理土地。

农具应该齐备。在农场里应该有专门的放置农具的棚屋，有水源和肥料池。

## 3. 工作（农具）

挖的工具：铁锹、铁锨、镐头，每一种都备有大的 4 把，小的 4 把，供老师和孩子一起用。

**图四十四**

农业工作使孩子的身体变得有力量，也使孩子了解人类赖以生存的食物
是怎样来的，并认识到生命和爱的关系。

去除杂物的工具：耙子，大的 2 把，小的 3 把。

搭架的工具：竹竿若干，细绳若干。

挑水的工具：小扁担 5 根，小桶 10 个。

运输的工具：竹筐，大的 2 个，小的 5 个；小推车 1 个。

### 4. 工作流程

园里的老师也许不能了解所有农作物的种植常识和技术，每班的老师应根据当年种植的植物上网查询，或找专家咨询种植方法，使班里所有的老师都具有所种植物的常识，以便更好地帮助孩子，使孩子在农业的工作之中了解每一种植物的种植常识和生长常识。

（1）先制定每年全园的种植计划，讨论出分工和各班

让孩子与泥土亲
密接触

农业区的工作时间。

（2）由主班老师分工，分管不同的项目，分工负责的老师的工作方式可进一步讨论。

（3）各班承担的农业区工作，最好是一个班完成作物生长的某一个阶段，而不是一个班只去象征性地转一圈或工作一天。可按照每个季节作物所需要的工作分工，每个班认领，或由主管老师分配，每班要负责，将这项工作完成。也可以每个班分管专属于本班的土地，从头到尾都由所属班级照顾。

（4）每一周末，负责老师应将照顾农作物所需工作的资料收集起来，供教育团队讨论，以便归纳出可供孩子学习的常识和下一步的工作。如果是老师认领的工作，需要分工老师负责组织班级认领，并讨论工作要求和技术，以及给孩子输入的内容。

（5）负责工作资料收集的老师要同时负责检查，有工作未完成和不合格的话将上报，由集体讨论解决。

（6）每年1月份，由主班老师确定种植的植物品种和分工。需分工的项目：准备田地，准备不同植物所需要的肥料，准备种子，种植，除草，打叉，上架，施肥，浇灌，采摘，庆祝第一次采摘，将果实进行食用和用于教学活动。

### 5. 工作要求范例

### 案例：芭学园 2010 年种植流程

拟种植的作物有：

番茄、茄子、豆角、油菜、辣椒、圣女果、土豆、花生、麦子、小米。

### 第一阶段：土地的准备

（1）除麦子地外，所有其他植物的土地都需要在春耕之前施肥。

（2）小麦地需在冬天时进行冬灌，春天3月份施肥。

（3）耕地，在施肥后，土地要被翻新，并将土块打碎，将去年的作物耕翻等。

（4）耙地，用耙子清除砖头、石头、杂草。

（5）打埂，整理翻好的地的地埂，插好各班的牌子，土地准备完毕。

### 第二阶段：种子的准备

（1）购买所需的种子。

（2）和孩子一起将种子放在容器中认识和处理。

（3）对种前需浸泡的种子进行浸泡处理，需育秧的种子进行育秧，如大豆需要浸泡，土豆需要挖芽和拌草木灰，番茄需要育秧并移栽。这些具体的处理，需要接管的老师在上课前查阅资料，并将查阅内容归档，留待以后其他班级的老师使用。

### 第三阶段：种植

每班认领一种作物，认领的班级要查出本班作物的种植方法，将资料归档，并写出该作物的照顾流程，如番茄的种植方法，可将此文件作为课程资料保存在档案室。

#### 附：油菜、茄子、豆角、小葱的种植方法

（1）油菜

油菜开花美观，叶、花苔均可食用。油菜发芽温度为18℃-22℃，发芽天数为7-10天，生长适宜温度为15℃-35℃，播种到开花大约80天。充足阳光地带和半阴

地带均可种植，明亮的窗边也可以。

种子可先在日光下晒一两天，再浸泡几个小时。表面覆土厚度是种子直径的 2-3 倍，由于油菜种子小，幼芽顶土力弱，播前要精细整地，土壤表层要疏松细碎，浇透水。也可先在花盆里育苗再移植到土地上。

发芽后要间苗，做到苗不挤苗；长出 1-2 片真叶时继续间苗，做到叶不搭叶；长到第 3 片真叶时进行定苗，拔出小苗、杂苗、病苗、弱苗，去密留稀。

土面干即需浇水，最好每月施一次肥。

在初花期和花期，注意大风暴雨，以免造成植株倒伏。

（2）茄子

茄子种皮厚，是茄果类中发芽最慢，发芽温度要求较高的蔬菜品种。用 50℃-60℃的热水浸泡种子，并不断搅拌，待水温降至 30℃时，静置浸泡 10-12 小时；浸种过程中不断搓洗种子并换水，能加快吸水，有利于整齐出芽；用清水洗净种子上的黏液，用洁净的湿布包好，于 27℃-30℃下催芽；一般 6-7 天可出芽。

在室内用育苗盘或花盆铺好 10 厘米土，拍平，浇透水，然后将种子均匀地播到床面上，覆细土 1-1.5 厘米，覆膜。出齐苗后要间苗，选择强壮的留下。茄子根深，移植时要深耕土地。

茄子生长适宜温度为 15℃-35℃，播种到开花约 70 天。茄子喜水、喜肥，要及时浇水，每月施一次肥。但是如果夏季雨水太勤，要注意排水，以防沤根死秧。

（3）豆角

豆角耐热性强而不耐低温，植株生长的适宜温度为 15℃-30℃，3-8 月均可播种种植，是春、夏、秋季的重要蔬菜之一。

豆类比较好种植，通常先在室内育苗。先将豆子浸在水中半天，将水倒掉，盖上一块湿布，保持湿润，直至豆子发出白色的芽，那是豆子的根部。当根上长须，并且开始长绿叶，将豆子根朝下，叶向上种入湿润的土中，土面干即需浇水。

豆角前期不宜多施肥，防止肥水过多，引起徒长。当植株开花结荚以后，应增加肥水，抽蔓后要及时搭架。

（4）小葱

种植很简单，只要把在市场上买来的小葱根部留下（一寸左右含根须的葱白），在花盆或土地上混合一些肥料，把葱根栽进去，放在有阳光的地方，常浇水，大约一周就可以长出来了。

幼儿园可以请厨房的工作人员在做菜时将小葱根部留下，用于种植。

# （十一）大肢体活动区

## 1. 概述

大肢体活动区，主要是锻炼孩子们的大小肌肉群、胆量、身体平衡等能力。早期的运动技能就如心理发展中的其他智能一样，是环境和遗传之间复杂的交互作用的结果。虽然遗传奠定了变化发展的主线，但是儿童平时的经历却对其技能获得起着重要作用。因此，一个优秀的养育者，要创造良好环境，让儿童能在日常生活中获得更多、更好的运动能力，以此提高他们的肢体运动智能。肢体运动智能是多元智能发展的基础。

肌肉运动还可以使大脑神经细胞的功能不断加强，传导速度不断加快，提高大脑皮层细胞活动的强度、灵活性与均衡性，提高大脑的分析、综合能力，从而使整个大脑神经系统的功能得到加强。

看孩子们踢足球的劲头，这就是运动带来的健康和喜悦

大脑是人的心理和行为活动的总指挥，人的活动和学习能力的提高是以神经系统机能的发育完善为基础的。

孩子生活中的每一天都在学习，并将所接触到的一切信息储存到自己的大脑中。而利用肢体的运动、肢体语言去接触外界的一切是孩子学习的一个最主要手段，也可以这样说：活动就是学习。因为孩子通过视觉和听觉学习到的一些知识只有通过运动、触摸和操纵物体，才能加深印象并得到巩固。

运动的目的是善于运用整个身体来表达自己的想法和感觉，能用双手灵巧地生产和改造事物。

儿童肢体动作智能发展的整合期，重点在于各功能领域间的整合与工作活动的设计上。如表现出来的平衡、协调、敏捷、力量、耐力、柔韧、弹性、速度等，以及由触觉所引发的能力，如跑、跳、投、攀、爬，还有荡秋千、走平衡木、玩滑梯、攀岩等。

我们也发现有的孩子对老师讲的知识道理不感兴趣，可是对于音乐、美术、舞蹈以及球类的活动兴趣十足，甚至颇有天赋。

芭学园的教育环境必须具备支持孩子肢体发展的空间。孩子的肢体运动包括：

（1）爬、行走；练习手眼协调能力；适应逐步提高的器械，如平衡木、软梯等。

（2）俯卧、触摸或抓握训练、翻身等，如爬地道的活动。

（3）独立行走、独立活动，侧着和倒退走，训练孩子身体灵活性。

（4）动手做游戏：搭积木、拧卸螺丝、拆装机械，以训练手的灵活性。

（5）学会翻书找自己喜欢看的东西，撕纸。

（6）跑步，给孩子创造跑的机会，使孩子在跑的过程中较好地控制平衡。

（7）控制双手，模仿、协调，准确动作，如拼图、折纸、穿珠子。

（8）画画，可以训练肌肉协调能力，模仿大人画出准确的横线或竖线，练习精细动作的工作。

（9）单脚站立，训练身体的稳定性及下肢支持能力。

（10）双脚跳，踢皮球训练身体动作灵活性和协调性。

（11）跳高、跳远、独脚跳、双脚交替跳和上下楼，骑儿童自行车、骑小三轮车，可以训练动作协调、力量均衡。

通过孩子的不断练习，逐渐需要学习利用工具发展自己的肢体动作智能时，老师可给孩子适当的工作和活动。这既练习了孩子动作的平衡和协调，也训练了孩子的力量和耐力，让孩子在不同的年龄段得到相应的发展。

**图四十五**

芭学园的教育环境必须具备支持孩子肢体发展的空间。

## 2. 工作要求

每种材料恰当地放在一定的位置，所有的材料都保持自然本色。

孩子进入工作时可自由选择，老师要巡视，去帮助那些需要帮助的孩子，要保证孩子的安全。

谁先占有的材料和场地谁先使用，后来的人要学会等待。

不可以破坏别人的工作。

不可以抢别人的材料。

等孩子们工作完后和孩子们一起归位。

## 3. 工作流程

每天早晨要先清理打扫工作区，看看周围有无危险物品。

随时协助解决孩子的要求，并倾听、回答孩子的问题，在孩子希望你作出回应时应及时反馈给孩子所需要的信息。

当孩子在工作中出错时，不要立刻指出和纠正孩子的行为，让他能在当时或在其后发现错误而主动进行更正。然而在孩子破坏环境、伤害自己和他人时，必须立刻予以制止；当发现孩子的行为不恰当时，可以直接告诉孩子正确的行为方式，如"来，让我们这样……"或"你可以这样……"，尽量避免说"不可以"。

协助孩子选择合适的工作项目，当你发现一个孩子游离在工作之外时，你可以说"需要帮助吗？"或"我们一起工作吧"，把孩子引领到工作中。

在孩子工作的时候，教师应把孩子的安全放在首位，时刻注意孩子的安全。

### 1. 概述

四季桌或神圣桌是一个让你可以在室内感受自然界循环的地方，同时利用所有人对这个地方的敬畏和珍惜来引发孩子的敬畏感。四季桌是自然界的更替在室内的反映，描述了自然界当前的精髓，通过布置四季桌，儿童对自然界发生的事情变得更有洞察力，照料四季桌是孩子吸收敬畏感的机会，领悟到每个季节适合的材料，这种寻找与领悟让人得以感觉到春、夏、秋、冬四季的循环，有意识地体验一年的节奏，这是安全感的源泉。

年幼的孩子不会理智地吸收季节的概念，而是无意识地接受这季节的法则，当我们将外面的世界引入室内，不使用语言，只是用颜色和场景创造出四季桌时，孩子们会意识到身边的自然的变化。同时，四季桌也是一个传播艺术和感受的地方，虽然它的内容是展示四季的特质，但是形式却突出艺术性和文化性。在每个教室里，四季桌都是需要孩子们尊重和带有景仰色彩的地方，这里的任何物品，孩子都不可以随意拿走去玩，四季桌是班级里最重要的地方。这就像一个国家被人们景仰和尊重的地方，是中央机关所在的地方；就像一个家庭，受家人重视和景仰的地方，是放祖先的肖像和家庭宝贝照片的那个柜子。在我们的教室中，四季桌就像一个风水宝地，它散发出一种精神，笼罩着整个班级。所以四季桌在教室环境中，是一个重要的地方，需要老师精心布置，将对四季桌的尊重传播到孩子心中，由此使孩子具有爱环境的情感，使孩子不但尊重人，也尊重自己使用的物品。

四季桌可以用一张特别的桌子或独立设置的架子布置，最好位置是固定的，给孩子明确的焦点。

**图四十六**

四季桌是一个让你可以在室内感受自然界循环的地方，传播着艺术和感受。

## 2. 布置四季桌

四季桌的位置由各班老师自己选择，应该是在班里最能被孩子们注意并且能够辐射全班的一个位置，所选择的桌子可以是半圆形的，可以是方桌，也可以是带有古典韵味或民族特征的小柜子。

布置四季桌充分地展示了一个老师的艺术和文化的素养，但其最根本的却是深厚朴实的情感，四季桌要布置出浓厚的情感色彩，这样，在孩子们观看和路过时，才能被这种情感所感染，当孩子们观看四季桌时，就像是在观看被心灵浸透过的艺术品，孩子的心灵也会被老师的心灵所滋养，同时四季桌如果被孩子注意到了，它也会成为孩子工作时情景布置的引领作品。

　　装饰四季桌的材料可以是柔软飘逸的布，比如大小合适的丝绒、棉毛混纺或者丝绸，可以简单地把布放在桌子

**图四十七**

用不同颜色的布营造出季节的氛围，内容可以是简单的情景故事，也可以摆放不同季节的植物、布偶、木头、石头等。

上，也可以把布作为背景，作背景时可以把布的一个角挂起来，根据场景调节背景布的高度，布的不同颜色可以表示不同季节的颜色，营造出季节的氛围，四季桌布置的内容可以是简单的情景故事，可以摆放不同季节的植物，以及布偶、木头、石头等。

四季桌也可以通过一个变化过程让孩子们发现季节和时间的变化，如冬季在背景布上挂上一颗代表温暖到来的星星，之后，每周增加一个，到了春季的时候，星星已经从一个变成了好多个，盖满了整个蓝色背景，这一过程是一个由暖色的星星覆盖冷色背景的历程，它代表了时间和经历，使孩子形象地感受到从冬季到春季的历程。这时，老师可以给孩子们开展春天的课程。

## （十三）个体工作区

### 1. 概述

在人类群体中，并不是所有人都在做群体性的工作，孩子也是一样。成年人应该有意识地通过教育的帮助，让孩子既有和群体在一起耳鬓厮磨、练习社会能力的机会，也具备独立完成一件工作的能力。所以在芭学园的每个教室，老师会布置出一块个体工作区。这样一来，不同特质的孩子都能在教室里找到适合自己的工作。

我们并不知道同一时段内具体每个孩子会选择哪种工作材料，不同年龄、不同特质的孩子会根据自己的兴趣或是需要来选择工作内容，所以在这个区域中，老师会投放生活性的、需要精细动作的或比较科学性的等丰富的工作材料。

### 2. 功能

在个体工作区里，老师会提供如系扣、拉拉链、清洗

**图四十八**

在个体工作区中，老师会投放生活性的、需要精细动作的或具有科学性的多种丰富的工作材料。

等适合新来的或生活能力稍弱孩子的工作内容，也会有为喜欢探索、独立工作的孩子提供如拧螺丝、开锁、拆卸以及与水相关的工作。当孩子探索、操作工作材料的时候，他的生活自理能力以及独立钻研、探索的能力就得到了发展，同时也发展了精细动作，持续的探索工作还锻炼了孩子的意志力。

### 3. 工作内容

串：粗线穿珠子、细线穿珠子、针穿珠子等。

倒：倒水、倒豆子等。

舀：舀水、舀豆子、舀珠子等。

夹：用大夹子夹大物品、用小夹子夹小物品等。

拧：拧螺丝、拧瓶盖（不同瓶盖与瓶身的匹配）、开锁（不同锁与钥匙的匹配）等。

生活自理：系各类扣子、拉拉链、系带子等。

拆装及维修：旧物拆卸、维修、装订等。

### 4. 工作环境

个体工作区要求相对安静的环境，以适合个体独立完成工作，又因为工作内容多使用小肌肉精细动作，所以个体工作区并不适合安排在娃娃区、厨艺区以及大型搭建区旁边，与手工区毗邻而居比较适合，还需要用架子等材料将个体工作区设置成封闭式的工作环境。

### 5. 对老师的工作要求

老师需要根据对自己班级孩子状况的了解来添置工作材料。

工作材料的选择和摆放应该是精美的、干净的、适合孩子工作的。

老师应当引导那些不会工作的孩子，适当地指导工作方法。

老师需要实时观察孩子，并在孩子需要帮助时提供帮助。

个体工作区的材料应随着孩子整体能力的变化而变化。

### 6. 对孩子的工作要求

个体工作区内的材料不可以拿到其他的区域里。

一项工作完成后，应该先将已做完的工作材料归位，然后才可以选择新的工作材料。

在个体工作区里时，可以轻声聊天，但不可以大声说话打扰别人，或者出现打扰其他人工作的行为。

工作材料轻拿轻放。

## （十四）厨艺区

### 1. 概述

吃穿住行是人类的基本生活元素，吃是其中首要的元素。芭学园的教育目标是培养完善人格的孩子，以人类的基础生活为蓝图，将成年人生活的基本内涵微缩打包变成孩子的功能区供他们探索使用，将孩子用来发展的力量朝向生

图四十九

孩子在厨艺区使用工作材料的时候，他们的感觉器官会受到丰富的刺激。

存的目标，而厨艺区则是这些功能区中很重要的一部分。

孩子在厨艺区使用工作材料的时候，他们的感觉器官会受到丰富的刺激，会对生活充满兴趣。尤其孩子们通过自己的努力，完成了一餐美食，并将这份美食分享给全班同学的时间，看到别人吃着自己做的食物，孩子会获得很大的成就感。

### 2. 功能

能够激发孩子对大自然的敬畏以及对事物的珍惜和对劳动者的关爱。

通过厨艺区的工作，老师能向孩子指导一些生活技能。

孩子通过对一些实际的生活材料进行操作，锻炼了小肌肉发展以及手眼协调能力。

当一个孩子通过自己的劳动，把制作完成的食物与其他小朋友分享时，孩子能够获得很好的自我效能认识，同时增进同伴间的情感互动。

### 3. 工作材料

美观的使用器具：盘子、碗筷、勺子、铲子、菜板、擀面杖、漏勺。

用来切割的安全器具：西餐刀、切苹果器、水果刀。

可安全使用的加热和烹饪器具：电磁炉、烤箱、夹子、平底锅、炒锅、蒸笼。

较丰富的食品加工原材料：面粉、压榨油、鸡蛋、各种蔬菜、各种调料。

用来清洗器具的辅助工具：围裙、抹布、洗碗刷、洗涤灵。

### 4. 工作环境

在教室里的各个区域中，厨艺区是个相对而言比较危

没做成美味的小葱饼干，孩子们却收获了更多

孩子是脚，教育是鞋

险，同时需要个体工作的区域，所以老师在设计这个区域的时候，需要注意以下几点：

（1）环境应该相对封闭，不容易受到其他孩子工作的干扰。

（2）环境中的场地不易太狭窄，方便孩子来回走动拿取物品。

（3）区域中应该有较为成熟的老师，既可以引领孩子的工作，又能同时照看他们的安全。

（4）环境的布置应该有家庭厨房的感觉。

（5）会有很多清洗的工作，所以厨艺区最好离水房很近。

## （十五）阅读区

### 1. 概述

当人的生活品质提高后，就开始享受生活，如外出旅游、在洒满阳光的咖啡馆里和朋友聊天……无论什么形式，

图五十

在教室中，阅读区是设计出来让孩子休息的地方。

都是从休闲中获得精神的愉悦来滋养自己，所以休闲对人类很重要。在孩子的教室中也必须要有可供孩子休闲的区域，那就是阅读区。

### 2. 功能

在教室中，阅读区是设计出来让孩子休息的地方。孩子在持续的工作中会心力透支，当他们需要一块地方休息时，并不像我们成年人一样会坐着什么也不干，所以这个时候可以让孩子拿一本书，在看书的时候他的内心会开始沉淀，精神得到了休息，也获得了休闲的品味。

### 3. 工作环境

阅读区是提供孩子在工作之余放松休闲的一块区域，区域的位置要有充足的阳光，可安排在离窗户较近的位置。切忌安排昏暗的位置，影响孩子的视觉发展。

区域四周放置陈列着图书的架子，把整个区域组合或

图五十一

图书角适合布置在光线充足的地方，最好是靠近窗户的地方。

稍微包裹起来，让孩子在区域内产生安全温暖的感觉。但是，架子也不能太多，让区域看起来过于拥挤。架子上摆放的图书要方便孩子取用。

区域内有提供孩子依靠和使用的靠垫和地毯，靠垫和地毯的颜色要选择适合芭学园味道和情调的色彩，如温暖的色彩或小碎花图案的，不建议用大花图案或深色的颜色，太深的颜色会让一些孩子产生被冷落的感觉。

## （十六）故事角

### 1. 概述

芭学园为了带给孩子尽可能完善的心智模式，因此将人类生活的基础内涵微缩打包投放在教室的各个功能区内供孩子使用。但是由于孩子的家庭生活环境不够丰富，直接经验比较少，因此在使用工作材料的过程中有些孩子并不如预期般顺利，这时老师就需要借助多种方式来帮助孩

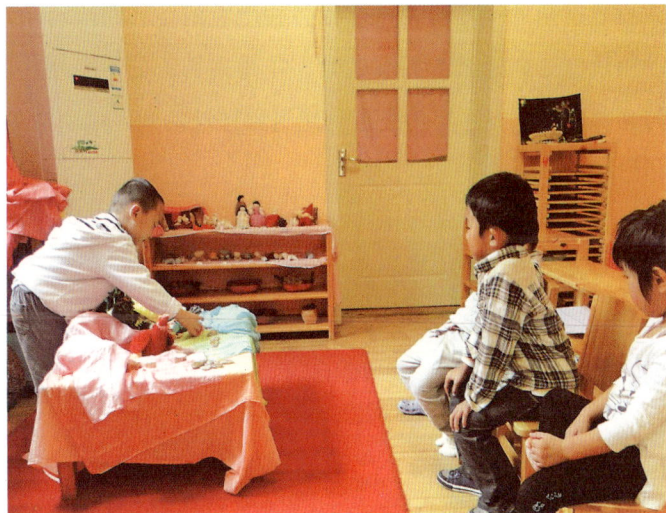

图五十二

故事角是老师提前准备好的一块小小区域，孩子会在这里模仿老师，自己试着用布偶讲故事。

子顺利使用工作材料，因此故事角也承载着这样的功能。

故事角是老师提前准备好的一块小小区域，有地毯、小小的桌子，还有老师提前准备好的故事材料，孩子会在这里模仿老师，自己试着用布偶讲故事。在模仿讲故事的同时，孩子也无意识间习得了其他区域里工作材料的使用方法。

### 2. 工作内容

故事角里的工作内容一般情况下匹配当前班级里老师给孩子讲述的布偶故事，当然，孩子也有权利选择其他的故事来表现。

### 3. 工作环境

这个区域的工作环境适合安排在一个小小的角落，以能够安置下一张小小的故事桌为宜。桌子旁准备有和老师近期讲述的布偶故事相同的材料供孩子使用。

### 4. 工作材料

故事角的工作材料一般以各种颜色的纱、娃娃玩偶、动物玩偶、树道具、石头道具、花儿道具、布条等为主，与老师自己在讲述布偶故事时使用的材料完全一样或高度相似。

老师将材料摆放在方便孩子拿取的地方，材料本身要精美，充分吸引孩子的关注。

# 第四章　课程内容说明

　　芭学园的口号是：孩子是脚，教育是鞋。即在任何时候、任何条件下，教师都要根据当下时代特质，根据孩子的需要，为孩子设置最适合的教育内容和教育方法。教育方法和内容要随着孩子的变化而变化，而不是削足适履，如果不适合于孩子，再好的品牌教育也不能成为好的教育。

教学活动以儿童自发的自然组织或个体方式进行。在四五个孩子所组成的团体中最能引发认知上的互动，激发孩子自发地从事活动以解决问题。个体教育的方式使儿童个人的自由受到了重视，因此儿童可以根据兴趣自行选择活动种类及内容并自行决定活动的时间。作为一个教育者要尊重儿童自我学习的天性，儿童天生有自动自发学习的能力，所以教育要尊重他们的主动性，由儿童按照自己的需求及兴趣选择适合的学习材料及学习内容，并以适合他们的步调学习。芭学园不主张过多的以教师为中心的大团体、统一行为，老师讲、学生听的方式进行的教学活动。

芭学园所设计的教学大纲是整个教育的统筹和精髓，是多年来芭学园教育工作者经验的结晶，芭学园教育的结构和元素是不能随意改变的，教育大纲和教育结构的改变必须在教育研讨会通过后方可进行。芭学园对老师的要求和教师守则也不可随意被个体改变，必须在教育研讨会通过之后方可改变，因此所有的教职人员必须遵守芭学园所制定的教育结构和教师守则。

芭学园制定的教学内容只是为教师提供一个参考，教师在教学过程中根据孩子当下出现的情况和需要，对已经设计好的教学内容进行更加适合于孩子并具有提升价值的改造，使之更加适合于教师当下面对的不同的孩子。如：

爸爸陪园记录，孩子在幼儿园一天都干啥

第四章 课程内容说明

## 案例：野外寻宝

在一次野外生存课程中，事先课程设计为，上午孩子们在山上寻找食物，中午孩子们要把找来的野菜洗干净，然后做成午餐的一道菜。可是在课程进展中，孩子们很快就完成了寻找食物的工作，而找到的食物大部分是老师事先藏在那里的土豆、胡萝卜和生鸡蛋，野菜几乎很难找到，老师还发现找野菜这项任务对四到六岁的孩子来说有些太难了，事先展示的野菜的样子连没经验的大人都记不住，让从未接触过野生植物的孩子满山找野菜，会使孩子觉得没意思，过于困难的任务也会使他们有可能对野外生存这项活动产生畏惧，将来拒绝参加类似的活动。对这一切的认识应当是老师的素质，在课程中老师几乎是完全自主地就改变了既定内容。将原定内容改为，找到老师藏的东西后就下山，在山下，孩子们围成一个大圆圈开了一个"寻宝展示会"，展示每个人找到的食物，并讲述自己是如何找到的。找到很多东西的孩子很自豪，大家为他鼓掌，没找到东西的孩子看起来很难过，有的孩子要哭了，就有另一些孩子对哭的孩子说："娇气，哈，我一个都没找到，都没哭。"老师马上利用这个教育机会让孩子们讨论。

1. 为什么没有找到宝藏？

2. 如果找不到是否该哭？

3. 哭是否就是娇气，是否就是不好的事情？

4. 大家怎样帮助那个没找到东西的孩子？

其实这样总结的价值比起在杂乱的草丛中辨别野菜的价值不见得低，而且避免了很多可能对孩子造成的不良后果，老师在教学中就是要这样为孩子精打细算，除了教育总设计为孩子量身定做以外，在教学过程中的每一个环节，都需要看是否适合于孩子，如果不适合一定要在当下将教学内容修改得更适合。

# 一、常规课程

## （一）晨圈

### 1. 概述

晨圈是芭学园孩子一天生活中的重要环节之一，晨圈是孩子和老师每天都要共同经历的一个仪式性的活动。晨圈代表着我们大家聚在一起，庄严地开始了我们的一天，每一个"我"从四面八方聚集在一起成为"我们"。"我们"是一个团队，是一家人，"我们"享受着同样的时光，做着同样的事情，感受着在一起的美好。晨圈代表着散开后的聚拢，代表着"呼"后的"吸"，代表着一天的开始，代表

**图五十三**

晨圈是孩子和老师每天都要共同经历的一个仪式性的活动。

着一个时间段的结束，代表着一件事情的结束，也代表着一件事情的开始……

我们需要把自己的全身心都放在晨圈活动里，非常愉悦地去做，全心全意地去做，因为老师的愉悦会使孩子得到滋养。

晨圈活动的任务是带来健康的吸入与呼出。希望孩子通过模仿进入所有的生活，让梦幻的意识得以继续。正是有了模仿，现实才能与梦幻的意识连接起来，如果没有这种模仿，孩子就不能真正地进入当下。

### 2. 内容

晨圈的内容包括集合信息、语言、生活回顾、音乐、舞蹈、公告、生活主题、仪式。

（1）集合信息

晨圈开始前，老师在晨圈的位置，用统一的、固定的歌声或者乐器，把孩子们吸引过来，如"我来唱一首歌，你们来和……"，大家手拉手围成一个圆。选用一首歌以后，每次晨圈开始前都要唱这首歌，这样孩子们一听到这首歌就知道已经开始晨圈了。

（2）文化语言

在晨圈中渗透着典型的文化和语言的内容，这一部分，老师要精心地选择真正能够代表语言特征、使孩子能认识到语言的特质和美感的内容，能认识到语言的文化内涵。比如汉语，可选择中国古典文学精华，如三字经、小雅、唐诗、宋词等，在每日晨圈的重复之中潜移默化，成为孩子感受中国汉语言文学的机会，作为一名中国人，为孩子热爱本民族文化种下一颗良好的种子。又如地方语言，中国是一个多地域、多民族的国家，每个地域每个民族的语言都各具特色，让孩子们了解同样的语言内容，可以用不同的语音语调和方式去表达，使孩子们能更好地了解自己使用的语言，教师可以适当地设计将地方语言作为语言内容的晨圈活动。再如英语，这个世界上基本通用的语言，将来每个孩子都需要学习，所以在晨圈中加进英语歌谣的内容，可以刺激孩子的注意，使孩子将来在所有的语言中，每当听到英语，就会更加注意并且更加感兴趣。

每一种语言都传递着自身所承载的语言内涵，老师具有了文化意识之后，在使孩子感受语言的同时也让孩子受到文化的熏染。

（3）生活回顾

晨圈除了语言和文化的内容以外，还通过音乐和舞蹈歌谣的形式将生活事件和过程艺术化，使孩子受到将生活平常的内容升华为艺术的熏染，为孩子将来升华自己的生活种下一颗良好的种子。好的艺术品都来源于生活并高于生活，一个人如果能将自己生活的平凡事件提取出来作为艺术创作的原料，那么这个人的生活将充满了乐趣和品位，将来孩子在学校学习中写作文和进行艺术创作时也不乏素材来源。例如，我们已经创造的《小矮人》、《种南瓜》、《栽篱笆》、《洗袜子》、《农民伯伯劳动》、《小熊抓跳蚤》等，都是将生活中很平凡的内容加上音乐、舞蹈、动作后，成为艺术作品。

（4）音乐

晨圈中老师可以使用乐器简单地演奏一段美丽的音乐，将孩子带入一种情感氛围之中，也可以给舞蹈配上非常好听的曲调，供孩子和老师去吟唱，所以音乐在孩子的说唱和舞蹈中占据着很重要的位置，开始和结束都会有美妙的歌曲相伴，老师在选择晨圈歌曲时一定要注意旋律的优美和艺术性。

（5）舞蹈

晨圈中使用的舞蹈叫做韵律舞，不同于普通的舞台舞蹈，韵律舞是运用身体的简单动作，使全身每个部位都在有节奏的活动之中，表达所吟唱的内容。韵律舞用集体排成的队形，进行团队性的组合和造型。孩子在韵律之中，脉搏、肌肉、血液、呼吸都获得了与韵律相匹配的调整，使之和谐、安详，内外合一。故韵律舞既是一种舞蹈，又是一种运动。韵律舞主要让孩子感受的是，由一个一个的人，组成了群体，一个群体在律动之中呈现出了人群所共有的团体艺术效果，这是韵律舞所突出的内涵。老师必须在自己设计好舞蹈之后，由老师群体试验并确定后，方可引领孩子去做。

（6）公告

因为晨圈是每天大家第一次集中在一起的时间，所以老师会利用这个时间向全体成员宣告这一天的内容，如：明天要去远足了，我们需要带什么；天冷了，到户外要注意什么；谁今天过生日；从今天开始每个人要怎样去搬凳子；在班里发现怎样的情况，我们要怎样去改善。

（7）生活主题

生活主题课是芭学园为孩子建构基本生活常识和生活技能的环节，具体内容请查阅生活主题课的介绍部分。

（8）仪式

人活在这个世界上，内心需要一个家园和圣殿，如果人在世上不崇敬任何事物、任何人，做事情没有神圣感，对世界没有敬仰，自己也没有依附感，那么人的灵魂就会成为一个漂泊的流浪汉，有时会无法无天，有时会感到孤独悲凉，有时会觉得自己是天下最能的人，有时又感到非常无助。孩子从小就需要对这个世界有一种发自内心的情感和敬仰，芭学园教育不带有宗教色彩，不倾向于任何一种宗教信仰，但是敬仰感和崇敬感，是芭学园需要给孩子培养的，在孩子的童年，我们将这种敬仰感和崇敬感给予大自然，将来在孩子成年后选择信仰什么、崇敬什么，已经成熟的他们可以自己去选择。但是如果没有敬仰感和崇敬感，将来可能会没有对信仰的选择，使孩子一生都沦为没有心灵家园的人。

晨圈中一定要有仪式这一环节。仪式一般是老师创造的一种形式，如弹奏完乐器或唱完歌曲后，非常庄严地将晨圈中要用的物品一一摆出，这些物品便成为仪式中神圣的象征，然后，群体进行一种近似于仪式的祈祷词，加上仪式的动作，形成仪式的环节，但最重要的是在仪式中老师庄严的神情和行为给孩子营造出的神圣感，要做到这一点，老师首先自己内心需要产生这样的情感。

（9）季节

每一次的晨圈都会匹配当下的季节，比如当春天来临的时候，晨圈里会出现比较多的醒来、鸟儿飞回来、萌芽、种植、劳作、耕种等内容；到夏天的时候，会有蝉声、蛙鸣、天气炎热的感觉、树荫等内容；到秋天会出现收获、树叶飘落、鸟儿南飞、一些动物开始储藏过冬的食物等内容；到冬天会出现雪、寒冷、光、温暖、沉睡等内容。

（10）不同年龄段

老师在设计一次晨圈活动的时候往往需要考虑多种元素，其中很重要的一点是孩子的能力水平。相比小年龄孩子，大年龄孩子的晨圈内容会更复杂一些，动作幅度也会比较大，而小年龄孩子的内容则更加简单。大年龄孩子的晨圈时间会稍长一些，小年龄孩子的时间则稍短一些。

### 3. 结构

开始（召集）——问好——仪式（晨诵词）——韵律舞——手指歌谣、公告、生活主题——结束（进入下一环节）

晨圈活动讲究呼吸交替的节奏，在晨圈的结构中，除了永远放在首位的召集歌曲以及放在结束时刻提示进入下一环节的结尾歌曲是固定不变的以外，其他的内容都可以依据这次晨圈活动的呼吸节奏而调整先后顺序。

（1）晨圈开始前，老师在晨圈的位置，用统一的、固定的歌声或者乐器，把孩子吸引过来，大家手拉手围成一个圆。

（2）问好：向大自然问好，可以是日月星辰、动植物、人类，如"早上好，亲爱的太阳，早上好，亲爱的大地……"

（3）晨诵词：选择诵词要适合本班年龄段的孩子，同时内容不能过于复杂。诵词也可以放在韵律舞之后，它的安排要看本班的晨圈内容，放在晨圈中老师认为合适的位置。

（4）韵律舞：要适合当下季节，创编韵律舞时要动静结合、有两极的变化，同时要根据本班孩子的年龄段进行创编（可根据故事、歌曲进行创编）。

（5）手指歌谣：这是孩子们最喜欢的一个环节，可以根据一个很简短明了的小故事进行创编，时间大概在一分钟到一分半钟。刚开始手指游戏要做两遍，等孩子完全熟悉后，做一遍。

（6）公告和生活主题的部分也可以放在手指歌谣的后面进行，手指歌谣使孩子安静下来并集中注意力，接下来可以进行公告和生活主题课的内容，也可以选择其中一个。

（7）结束：大家可以手拉手，唱着歌，一个跟着一个出去，进入下一个环节。

**4. 要求**

（1）对主导老师的要求

主导老师是组织整个晨圈活动的老师。

主导老师用歌声（或其他的方式）让孩子们知道现在

要晨圈了，把孩子们都吸引到晨圈的地方。

主导老师在晨圈中的音量要把握好（不能过大或过小），让一起晨圈的每个老师和孩子能清楚地听到你的声音。

各环节要衔接好，让整个晨圈活动很流畅地进行。

在晨圈中要适时地向孩子提要求。

（2）对配班老师的要求

要配合主导老师组织孩子晨圈。

在整个晨圈过程中的音量，不能超过主导老师。

如有孩子影响整个晨圈的氛围，配班老师要带这个孩子离开晨圈的地方。

离开的孩子，也要继续关注，等他真正地准备好，可以和大家一起晨圈了，就在晨圈进入下一个环节的时候让他再回来。

（3）对孩子的要求

尽可能地跟大家一起做晨圈活动。

如果实在不想参加，可以暂时不参加。

在晨圈的时候必须拉圈，并且无选择性地与相邻的人拉手。

在晨圈时不可以搞怪、出洋相，故意引起其他孩子的哄笑。

不能用奇怪的声音故意影响大家的晨圈活动，如果孩子发出的是正常的声音，老师不必打扰。

（注：此内容只供老师了解和掌握，不必告诉孩子。针对孩子的所有的规则和要求都是老师对孩子的期望，并在不知不觉中帮助孩子做到，而不是直接告诉并要孩子达到老师的要求。）

## 5. 环境

需要一个可供班里老师和孩子一起围成一个圆的空间。

老师本身的气场也是在营造一种环境，一种氛围。

### 6. 注意事项

晨圈应是和谐的，在一个主题之下，一个部分接着另一个部分。

在晨圈前，也应考虑相反的氛围——欢喜和悲伤，幽默和不夸张……同样，动作也应有两极的变化——快慢，上下，大小，大声和轻声，扩展和收缩……有两极变化的动作可为圆圈带来生动多样的内容，当孩子们熟悉这个圆圈后也更容易做一些变化。

动作不要过于复杂，否则会给孩子带来困惑、挫败感。

每个晨圈的前后环节都是有关联的，创设晨圈要有季节变化。

要选择主题。最明显的是一年的变换，在自然的环境里动物和植物都发生着些什么，人与这种季节的变换又有什么关系，一年中不同的时间有什么不同的气氛和工作；另一方面是去理解各种节日是如何跟当前的季节结合在一起的。这是一种将孩子引入生活的很好的方式。

创设晨圈活动时，要考虑重复的重要性。可以以一个主题开始，几个星期后，孩子们熟悉了晨圈的内容，就可以增加难度，在原有晨圈活动的基础上再深入一些。但也要考虑到大小孩子的差异，不能太难或是太简单。

晨圈应该具有非常流畅的感觉。

晨圈中应避免把晦涩的、机械的东西带给孩子。

如果晨圈之后孩子感觉到疲倦，那么这是一个信号，说明有些地方不合适，如过度重复和过度伸展就会使孩子感到无聊和疲倦。

晨圈内容最少一个月才能更改。

**晨圈的流程及内容**

| 流　程 | 进行过程 | 内　　　容 |
|---|---|---|
| 开始（召集） | 用一首歌让孩子围圈而坐，到歌词"叮"的时候敲一下乐器 | 风儿你带什么来，1片树叶落下来，叮<br>风儿你带什么来，2片树叶落下来，叮，叮<br>风儿你带什么来，3片树叶落下来，叮，叮，叮<br>风儿你带什么来，4片树叶落下来，叮，叮，叮，叮<br>风儿你带什么来，5片树叶落下来，叮，叮，叮，叮，叮 |
| 手指谣 | 坐着进行 | 小松鼠，摘松果，摘下的松果埋进土，埋什么，干什么，只为冬天填饱肚。春风吹，春天到，松鼠打开小仓库，咦，小松果，不见了，只剩一颗小松树，小松鼠，真奇怪，松果也会变魔术。 |
| 问好 | 坐着进行 | Good morning to you, and how do you do?<br>I am good, thank you and how are you? |
| 韵律舞 | 站着进行 | 树叶飘落，冬天渐渐来了。<br>说：当北风吹起，冬精灵深深呼唤。<br>唱：小小冬精灵，北风跟着你，在那大地之上。（2遍）<br>说：在层层的落叶上，黑色的大熊，嘭嘭嘭嘭嘭，嘭嘭嘭嘭嘭，填饱肚子，躲进树洞避寒冬。<br>说：当北风吹起，冬精灵深深呼唤。<br>唱：小小冬精灵，北风跟着你，在那大地之上。（2遍）<br>说：在层层的落叶上，棕色的刺猬，爬到高处，跳下来，爬到高处，跳下来，扎住厚厚的叶子，做件棉衣避寒冬。<br>说：当北风吹起，冬精灵深深呼唤。<br>唱：小小冬精灵，北风跟着你，在那大地之上。（2遍）<br>说：在层层的落叶下，小小的蜗牛，嘶啦嘶啦嘶啦，嘶啦嘶啦嘶啦，做好一扇门，封闭房子避寒冬。<br>说：当北风吹起，冬精灵深深呼唤。<br>唱：小小冬精灵，北风跟着你，在那大地之上。（2遍）<br>说：在红砖绿瓦的房子里，人们紧闭门窗，孩子坐在妈妈的腿上，听妈妈唱冬天的歌谣。<br>唱：冬老人，年纪老，带着北风呼呼跑，他遇见花和叶，也遇见虫和草，他说道，我来了，你们快快去睡觉。 |
| 晨诵 | 坐下晨诵《太阳的光亮》 | 唱：我是世上光，纯洁又明亮……<br>说：月光照在岩石、树枝、树叶上，山站在那里，黑黑的、静静的，四周没有一点动静。一阵风吹来，雾，慢慢的、悄悄地散去，太阳升起来，照亮了一切。 |
| 结束 | 站起来 | 冬天的花，从天空落下，那是雪花，那是雪花，<br>冬天的花，开在窗户上，那是冰花，那是冰花，<br>冬天的花，开在树上，那是梅花，那是梅花。 |

## 案例：冬季大组晨圈（4-5岁）

**晨圈的流程及内容**

| 流程 | 进行过程 | 内容 |
|---|---|---|
| 开始（召集） | 用一首歌让孩子集合，站起来进行 | 问冬天的雪花，寒冷你怕不怕，雪花快乐地回答，我准备好啦；问冬天的风儿，你要往哪里刮，风儿快乐地回答，我追春天的步伐。我和冬天对话，冬天给我回答，自信融化冰雪，信心浇灌枝丫。 |
| 问好 | 站着进行 | 我们可以高高伸展，我们几乎可以触摸天空，我们可以触摸大地，不出声响轻敲我们的手指，我们再次站立，在原地转身，我们弯曲膝盖，轻拍我们的脸颊。我们向上跳起，拍手一二三，我们安静站立，越静越好。 |
| 韵律舞 | 站着进行 | 在一个寒冷的冬天里，一只大棕熊蜷缩着身子睡着了（呼噜声）。"吱吱吱，吱吱吱，一只小老鼠爬进了洞穴，这里又黑又湿。它捡起一根小树枝，放在手心里搓一搓、搓一搓，燃起了一堆火。大火把树枝烧得噼啪噼啪噼啪响，火烧树枝的声音很大，可是大棕熊还是在睡觉。<br>一只长耳朵的兔子跳进洞里，它和好朋友一起喝了香香的红茶（吸溜声），它们的吸溜声很大，可是大棕熊还是在睡觉。<br>有只猫爬到洞口，闻一闻，啊，好香啊。小猫带了一些坚果，它取下袋子，解开绳子，和大家一起分享（发出嗑的声音）。它们吃东西的声音很大，可是大棕熊还是在睡觉。<br>一只鼹鼠爬进了洞里，它爬到洞口抬头看了看。很远很远的地方飞来了一只乌鸦：哇，哇，哇，哇，好冷啊，哇，哇，哇，哇，外面好冷啊。洞里来了许多好朋友，大家又唱又跳。<br>有一只老鼠钻进了洞里，雷伊哦雷伊哦雷伊哦；有一只兔子跳进了洞里，雷伊哦雷伊哦雷伊哦；有一只猫爬进洞里，雷伊哦雷伊哦雷伊哦；乌鸦和鼹鼠来到洞里，雷伊哦雷伊哦雷伊哦。它们的歌声清脆又嘹亮，雷伊哦雷伊哦雷伊哦。歌声在洞里洞外飘荡，雷伊哦雷伊哦雷伊哦。好大的风啊，好大的雪啊，雷伊哦雷伊哦，可是大棕熊它还在睡觉，雷伊哦雷伊哦雷伊哦。就在这个时候，所有的小动物都已经很累很累了，它们都躺了下来，一个靠在一个的身上睡着了。 |
| 晨诵 | 坐着进行 | 唱：雪绒花，雪绒花，清晨迎接我开放，小而白，洁又亮，见我好像很愉快，白雪般的花园里芬芳，永远开花生长，请给我的故乡，年年吐露芬芳。<br>唱：太阳与爱的光，使我的每一天明亮，使我的灵魂和精神有力量，让我在阳光下闪耀。 |
| 手指谣 | 坐着进行 | 小麻雀住东墙，做个小窝不用床，它把鸡毛叼进去，冬天窝里来躲藏，太阳出来暖洋洋，麻雀枝头把歌唱，它的宝宝五六个，活泼可爱在成长。 |
| 结束 | 站起来 | 冬天的花，从天空落下，那是雪花，那是雪花，<br>冬天的花，开在窗户上，那是冰花，那是冰花，<br>冬天的花，开在树上，那是梅花，那是梅花。 |

## （二）故事

### 1. 概述

故事是芭学园孩子一天生活中重要的环节之一，故事最重要的作用在于为孩子提供情感和情节创造的支持。芭学园的大部分工作材料需要孩子在情感支持之下才能创造性地使用，而孩子必须将自己的生活经验和在故事中、成人的叙述中、影像中获得的间接经验提取出来，创作出故事情节和事件情节后才能够使用。这就使得故事在自由工作中起到了非常重要的引领作用。老师在给孩子们讲故事时，要考虑孩子对班级所设置的环境和工作材料的情感认识以及使用状况来选择故事的内容。

一个普通的木段，老师在故事中赋予它一定的意义，这个木段在孩子的生活中从此就不再是一个普通的木段，而是一个情感道具。老师讲故事的时候，一定要注意使用孩子经常使用的工作材料，注意孩子的生活经历，以及孩

**图五十四**

讲故事分为三种形式：布偶的形式、口述的形式、戏剧的形式。

子能够体验到的情感。

芭学园的环境是对孩子的童年生活有丰富营养的环境，由于孩子们年龄还小，其生活环境和芭学园给予的环境并不完全契合，从家庭生活到芭学园的生活，由于经验和氛围不同，孩子们不能很好地自然过渡，在这种情况下，芭学园教育中的故事承担着引领孩子使用工作材料，赋予工作材料以精神价值的使命。在芭学园要尽量少地使用纯语言来为孩子讲故事，多借助工作材料、综合多种因素来给孩子讲故事，如把音乐、布偶、工作材料和讲述综合起来为孩子提供享受多功能故事的机会。

我们所服务的家长群体多为理科和技术工作者，在孩子的自然生活中缺少生动的情境和情感，所以讲故事时老师需要恰当的情感渲染和形象展示。但是不要过多地解释，不要加进自己对故事内涵的理解的讲述，这一部分留给孩子去体验和领悟。

讲故事除了以上作用之外，还可以帮助孩子安定下来。对老师来说，也是自我提升和自我熏陶的一个良好机会，老师首先要知道怎样选择故事，什么样的故事适合孩子，可以激发孩子的想象；其次要知道怎样才能把孩子的注意引到你的故事里。

孩子很喜欢重复性的情节和语词，重复对孩子的生活也很重要。重复发生在大自然与人的生活节奏中，当我们观察自然时，会发现很多的节奏，如，一年四季的节奏；太阳的升起和落下，是每天最容易见到的节奏；当月亮逐渐变大到满月，然后慢慢变小，小到一弯细月，这就是月亮阴晴圆缺的节奏；当太阳下山、月亮上升得一天比一天迟，这就是一个月的韵律节奏……重复是生活中不可或缺的元素。所以在选择故事时也要考虑到这一点，同时还可以帮助孩子更好地工作，让工作内容更加丰富多彩。

重复的形式有很多种，可以分为语言的重复、动作的重复、情节的重复、结构的重复、人物角色的重复、场景的重复等。（在《睡美人》、《甜粥》、《小虱子和小跳蚤》、《灰色珍珠小公鸡》等故事中都存在着不同的重复形式。）

讲故事的方式也有不同，可分为三种形式：布偶的形式、口述的形式（适合于 4 岁以上孩子）、戏剧的形式。

这三种形式被定义为芭学园故事三部曲，也是讲故事的三个阶段：

第一阶段——布偶故事：用玩偶来呈现故事内容，也就是用象征性的形象和语言配对去解码故事。孩子通过老师所演绎的玩偶，理解故事的内涵并且在老师演绎的过程中，把他们已有的经验拿出来与老师的演绎进行匹配，支持对老师的语言的理解。这种故事形式的内在含义是孩子通过老师的玩偶演绎来加工自己的已有经验，再用已有经验去理解老师用语言表达出来的故事内涵。

第二阶段——纯语言故事：孩子已经在重复表现的布偶故事中，把老师演绎的形象和自己的已有经验合二为一，于是在孩子的心中就重新统合出了一个故事，这是他自己对故事的理解。所以在这个阶段，老师仅适用语言来表现故事，孩子的脑海中出现的则是已经被加工过的自己对故事的理解，以此支持对老师纯语言表达的理解。虽然老师是用语言在讲述，但孩子内心出现的仍旧是具体的形象。

第三阶段——戏剧表演：孩子把自己的身体纳入到故事的情节和对故事的理解中，让自己融入故事中。其实就是孩子拿自己替代了玩偶，从自居形象的角度来理解故事。

**2. 要求**

（1）对主导老师的要求

主导老师要先坐在将要讲故事的地方，以乐器或歌声把孩子吸引过来。

主导老师要在位置上唱歌等待孩子坐好，在讲故事前可做手指游戏，把孩子的注意力集中过来，真正准备好听故事。

老师的声音要带有情感的穿透力，但也要自然平和，不夸张做作，不要把自己的情感加入到故事之中，使孩子不是被故事的情感所熏染，而是被老师的情感所熏染了——老师高兴，孩子便高兴，老师忧伤，孩子便忧伤。我们要让孩子自己去想象，体会故事里的情感。

（2）对配班老师的要求

组织孩子坐在主导老师的周围，形成一个圆圈或者半圆。

由于需要孩子们专注地听讲，所以老师要适当地调整和安排孩子的座位。

整个故事进行中，配班老师要维持秩序。

协助孩子正确地搬椅子。

在没有什么其他事情需要处理时，配班老师要非常专注地听主导老师讲述，因为配班老师的精神状态也可以引领孩子。

（3）对孩子的要求

坐在椅子上，或坐在地毯上，围在老师的周围。

当老师开始讲故事时，要安静，不影响别人听故事。

### 3. 注意事项

故事逻辑要正确，内容要清晰，故事情节简单明了，不宜过长或过于复杂，故事内容要有重复的元素。

在故事中，如果孩子表现得很浮躁，不能坐在椅子上把故事听完，老师要考虑问题所在，及时进行调整。

如果出现过多的孩子途中离开，老师要考虑故事的吸引力是否不足，或故事的内容是否过于啰嗦和重复。

总之，故事是为孩子们讲的，无论老师自己如何喜爱一个故事，如果这个故事不适合孩子，老师就必须放弃或对其进行修改，使之能被孩子接受后方可使用。

# （三）领域特色课

## 1. 概述

领域特色课是芭学园教育中非常重要的内容。一个孩子来到这个世界上，虽然他们带有先天的发展计划，但是这个发展计划受到环境的影响，到最后，差别会非常巨大。儿童发展心理学非常注重以环境分类来观察儿童最终的结果，而不以儿童先天的特质来分类，这意味着并不是将儿童交给自然的环境，不需要人为的设计儿童就能自然发展，对于人类来说，实际上我们不知道真正的自然是什么——因为儿童必须生活在成人营造的环境中，必须接受成人对他们的安置。如果成人把一个刚出生的婴儿放在一个概念化的自然环境中（不是房间里或者办公室，而是完全没有被人改造过的环境），那么这个孩子所处的环境也不算是自然的——因为按照人类的自然来说，儿童应该生活在家庭里，才是人的自然；如果我们把他放在原始的森林里，那是狮子、老虎的自然，而不是人类的自然。这样看来，对于儿童来说，接受成人帮助、生活在成人身边才是自然的，对于成人来说，我们如何认识给予儿童的自然是一个巨大的课题。

芭学园所理解的给予孩子的自然，是人类所要生存的自然生活——将儿童放在这个人造自然环境中去自然成长，显然是不够的。有很多人类所共识的内容，必须在成熟的人类帮助之下，儿童才能了解；必须在成人的帮助之下，儿童才能获得适合于人群的生活规则和技能。所以，在芭学园的教育结构中，只有自由工作是不够的，为了将成年人主动输入与儿童自我教育结合起来，芭学园教育中设置了领域特色课的内容。

在以往的教学中，我们一度认为每周的同一日期，课程的项目应该不变，这样，孩子会非常有秩序和安全感；在孩子内心中，如果到了每一周的某一天，孩子就知道这一天要做什么，对孩子来说，他们的生活就被他们自己认为是可掌控的，这有利于孩子对自己的认识和对自己身边环境的认识——这个认识不仅包括对事物的认识，还包括对自己周边环境的认识，并且产生良好的自我效能认知。

但是如果三年之内，孩子在芭学园学习的只有固定的五个课程项目，对于孩子和"自然生活"的关系来说就是不自然的，因为我们人类生活，目标性和阶段性特征非常突出，人类是非常厌烦一成不变的生活的，而成人世界基本的生活内涵是非常丰富的。持续、重复和节奏是人类所需要的，系统性也是人类所需要的，尤其在知识和认知领域，学习者更需要一个系统化过程，对于这一点来说，太注意一成不变的节奏和重复，就会破坏系统性认知，这也是不自然的。在人类的自然认知中，如果人类一段时间被一项事物所吸引，就会沉迷其中，废寝忘食地去探索它，直到告一段落为止。假设孩子星期一被厨艺中的做糕点所吸引，由此而引发了许多关于做饼干的创造性思考，孩子需要持续不断地去实现自己的想法和创造，但我们的课程设置是第二天又进行其他的内容，孩子要等到下周才能再一次做饼干，在其余的七天之中，有诸多的事物进入到孩子的生活领域，对饼干系统的探索就被打断，尽管在一年中，每周一的饼干创造也使孩子在成长、在变化着，但比起集中的、完全深入的探索，效果就相差甚远，这样人类由兴趣所引发的强烈的内驱力就会被浪费掉，这对人类这种动物而言是极其不自然的。

根据以上这些因素，我们的领域特色课设计需要灵活，需要根据孩子的状态来进行随机的调整。

### 2. 目的

领域特色课的目的主要是对孩子造成输入性的刺激和引领，如果在一次特色课中，孩子的探索兴趣和探索欲望被刺激起来，老师就需要根据孩子的情况，在非特色课的时间里，给孩子安排或设计相关的内容，供孩子在自由工作的时间内自由探索。如，周一的烤饼干特色课，使某几个孩子对用不同材料和模具做饼干产生了强烈的探索欲望，那么在周二、周三，老师就要在厨艺区准备更多的工作材料，供孩子在自由工作的时间进行工作。这里就出现了一个矛盾，老师们认为，如果不在厨艺日有了厨艺的内容，孩子们就会混淆了日期，比如孩子们会有疑问——今天不是做厨艺的日子，这说明孩子通过每天所做的事来记住日期，如厨艺的日子是星期一，如果星期一没有做厨艺，孩子有可能不知道这是星期一。但是我们可以换一种思考，我们在厨艺日学了厨艺为的是什么呢？为的是在生活中去使用，所以，周一学习到的技术可以在以后的日子里使用，这是正常的人类行为和现象。如果我们不想让孩子拿食品去玩，我们可以让孩子为我们的午餐增加一点饭后小甜品，也就是将孩子在厨艺区工作的食品放在午餐中去食用，这就需要老师事先做精心的准备，并且投入地帮助孩子经历整个制作过程，一直到把食品端上餐桌。

特色课不止是一个单独的课，而应该考虑特色课和孩子日常生活、自由工作的关系，特色课就是一个输入性的环节，既然是输入的，老师所展示的特色课内容和技术都是具有开拓性的，它一定高于孩子日常的水平，一定会让孩子有新的发现和新的领悟。在特色课和故事的支持之下，自由工作才能成为孩子真正的、建构式的自我教育时间。芭学园的特色课担负着儿童自由工作的技术、项目内容的引领和输入的任务。

### 3. 形式

第一，根据孩子的探索需要设计特色课。如：

（1）全班所兴起的一种集体爱好，成为每日内容并且将这一内容系统化和生成化。

（2）季节性。北京春夏秋冬差别非常大，春季全天温度适宜；夏季只有九点半以前可以在户外活动，不适合于长时间在户外工作；秋季气候宜人，早晚温度差别不大，适合于全天户外工作；冬季只有在下午三点钟之后才适合户外活动，三点之前，户外都异常寒冷，而且户外不适合进行静止的探索和智慧的工作。根据这种气候状况，我们可以将课程和季节结合起来，冬夏两季，可以大量地做室内的工作，春秋两季，可以连续地做室外的工作，芭学园课程中有春季大型制造和秋季户外工作的设计。

春季大型制造属于特色课的一部分。春季大型制造在户外进行，这种课程需要孩子持续地每天完成一项工作，所以可将主课和自由工作合二为一，去完成一件综合性的大型的集体工作。这样的工作与土木建筑工作基本相似，事先老师要和孩子们一起设计、一起寻找材料，最后在每天持续不断的工作中一起完成。这样的特色课也可以设计更加广泛的内容，例如，户外大型搭建、户外假想游戏（如航海）、大型工程（如水利、农业）、大型探索（如蚂蚁、昆虫、田鼠）。

- 寻找蚂蚁。
- 发现蚂蚁生活的规律，如冬眠、春天出来的日期、蚂蚁窝的布局、蚂蚁的分工、蚂蚁帝国的社会制度。
- 阅读有关蚂蚁的故事及影片。
- 了解蚂蚁的分类。
- 画蚂蚁、用泥巴做蚂蚁。
- 创造蚂蚁的故事。
- 为蚂蚁设计新的家园。
- 将创造的蚂蚁故事编成戏剧表演给全园观看。

　　这个过程符合于人类文明发展的过程，但如果没有老师的帮助孩子无法自发地完成这一过程，所以需要老师设计和引领孩子完成，如果在春秋两季孩子们能进行这样的课程，在夏冬两季自由工作的水平会大大地提高和深入，因此芭学园要求老师们在春秋两季给本班的孩子设计这样的连续的大型课程。

　　第二，根据老师设计的结构，进行每日特色课。

　　在夏冬两季，无法进行大型户外活动的时间，可以按照固定的节奏，来进行特色课内容，如：周一，厨艺；周二，手工；周三，塑形；周四，绘画；周五，照顾环境。每天内容不变，这样孩子在三年中会经历一个按照季节划分的不同的课程模式，不是只适应于一种模式而没有其他模式。

　　第三，根据班里孩子的自发性主题进行的生成课程。

　　如果主班老师认为，结构化课程不适合本班孩子，或者对孩子发展不如生成课程更有帮助，主班老师也可以选择生成课程。生成课程的主题来自孩子的生活，在孩子感兴趣的事物中，由老师来观察、确定对孩子最有意义的课程主题，作为课程内容，在全体老师一起设计之后，开始

孩子们养蜗牛、研究蜗牛、画成绘本，还吃自己种的菜

就是一根葱嘛，这群小孩居然研究了一个夏天

带领孩子实施。生成课程也是一个课程系统，它不同于自由工作，所以在实施过程中并不会按照孩子在过程中所产生的兴趣去随意改变，但是在课程进行中间产生的有意义的与课程相关的内容可以作为生成的旁支系统，作为课程的延展内容进行，如下例中某位老师对生成课程的记录：

## 案例：桥是怎样建造的

最近班里的孩子，对大型积木特别感兴趣，老师发现在大型积木工作中，孩子们在搭桥、修高速公路，但是当自由工作进行到一定阶段后，由于没有欣赏和观察的引领，孩子的这一探索机会就会被浪费掉，于是老师将"桥是怎样建造的"作为生成课程的主题，并延伸出了很多新的课程内容：

1. 世界上有各种各样的桥。

2. 著名的××河上的××桥，例如威尼斯的水桥（可以再生成"威尼斯的河"的课程），该桥是怎样建造的，桥的设计图纸，桥的建筑材料。

3. 著名的××河上的××桥，如中国古老的桥（可生成"穿过城市的河"的课程），该桥是怎样建造的，桥的设计图纸，建筑材料。

4. 著名的××河上的××桥，如南京长江大桥（可生成"长江"、"长江上的桥"等课程），该桥是怎样建造的，设计图纸，建筑材料。

5. 北京的立交桥（可生成"我们知道的北京的立交桥"、"北京还有哪些著名的立交桥"等课程），该桥是怎样建造的，建筑材料，设计图纸。

6. 乡村的独木桥（可生成"我们所见过的独木桥"等课程），该桥是怎样建造的，设计图纸，建筑材料。

7. 美国的吊索桥，在什么地方、什么样子，该桥是怎样建造的，设计图纸，建筑材料。

在体验了世界上几种不同种类的桥的设计和建造之后，全班和老师一起建造一座自己设计的桥梁，如立交桥，或河流上的桥梁，最后拍照留下作品。

芭学园的课程手册上的案例并不是教学大纲，只是教育课程中供教师参考的一些提示和范例，老师们可以根据自己班里的老师和孩子的需要，创造主题和设计生成内容，范例的内容既然是生成性的，那么还可以继续延展，如：关于材料部分还可以延展，材料是哪里来的，木头长在什么地方；牵扯到使用木头时，可以延展为原始森林与环境保护的主题；土木结构可以延展出水泥和石头的来源，还可以创造出怎样的材料来造桥；讨论古典桥梁的时候，可以延展出，水泥砖头之间的黏合剂，古代用什么，现代用什么，这些黏合剂的来源，以及黏合剂原材料的产生等。

生成课程，更适合于大一些的孩子，很多内容更加适合于小学生。但对幼儿园的孩子，老师更着重的是生成的过程，孩子仍然是按照一个系统去工作，但拥有更加自由的空间。在芭学园混龄式的结构中，一些小年龄的孩子在生成课程中会感觉无聊而无法进入，可以考虑将大孩子和小孩子分开，老师也分开，一部分老师带大孩子进入生成课程，一部分老师带小孩子进行课题探索。

### 4. 内容

美术绘画：湿水彩、国画、水粉画、蜡笔画、铅笔画、毛线粘画、羊毛贴画、手指绘画、吹画、喷画、版画。

厨艺：饼干、蛋糕、面条、米饭、什锦炒饭、饺子、凉菜、拼盘、汤、沙拉、比萨、中国饼（南瓜饼、红薯饼、土豆饼、鸡蛋饼）。

图五十五

领域特色课的设计需要根据孩子的状态来进行随机的调整。

劳动：擦灰、拖地、洗抹布、照顾植物、照顾动物、整理杂物、清理不要的物品、消毒、晾晒。

戏剧表演：话剧、歌剧、舞剧、音乐剧、滑稽剧。

手工：针线、编织、粘贴、贺卡、灯笼、服装等。

塑形：陶泥、软陶、蜂蜡、纸浆泥、模具。

自然科学：生物、星象、气象、地理、化学、物理和机械学等。

音乐：声乐、乐器。

体育：儿童体育。

舞蹈：韵律。

另外还有园艺和农艺、演讲、故事、语言文字、数学等课程。

### 5. 顺应四季的课程内容

课程内容顺应四季变化，充分激发孩子深层的热爱，并以此为学习动机，帮助孩子遵循科学探索的规律与四季的节律。

春季，注重发现与创造。课程设计遵循孩子内在生命的萌动，将孩子放归人类的根本生活中。春耕、水利、建筑、木工等课程的开展，能很好地帮助孩子去探索心中的自然，并树立起对大自然的敬畏，感受自然的节律。

幼儿园的春季课程这么丰富呀

夏季，注重探索与创造。针对春季涉猎的项目建立课题，带领孩子深入探索和研究，帮助孩子建立起系统处理信息的习惯，练习深入研究事物并建立严密建设知识体系的基础能力。在课题开展的过程中，以开放的语言模式和丰富的艺术表达为特色，为孩子正在探索的知识和技能笼罩上温暖的人文光辉，这也是芭学园课程的亮点，让孩子在探索知识技能的同时吸收艺术和人文的滋养。

秋季，注重实践与创造。以大型建构项目为核心，让孩子们将在夏季开展探索研究获得的知识和技能付诸实践，以知识转化为生活行动为目的，在孩子的心智中注入将应用知识的能力。秋季课程基于夏季研究的方向与兴趣，帮助孩子完成 STEAM+ 职业化认知的全面发展。

这里有一群未来的设计师、建筑师和工程师

冬季，注重整理与创造。经过三季的实践，孩子积累了丰富的直接经验，在冬季给到孩子与春夏秋三季的科学生活探索相关的丰富环境与材料，激发孩子利用前三季的经验自主创造、表达与实践，整理大脑中所留存的直接经验，发展孩子的总结归纳、资源利用的能力。

在全年课程中，养殖、种植、观察、记录、课外探索等活动贯穿其中，并且家园合作共育。

整个课程融合了生命科学、物质科学、工程技术、地球与宇宙的泛科学启蒙，帮助孩子建构起丰富的科学心智模型，建立跨学科的认知能力。

芭学园老师这样利用柿子树

### 6. 对内容的要求和标准

（1）课程应当建立在坚实的理论基础上，应能反映关于儿童学习与发展的最新的研究成果和观点。

（2）课程内容应当能使儿童在各方面，包括社会性、情感、认知和身体等都得到发展。

（3）课程应促进儿童知识与理解、方法与技能、性格与态度的发展。

（4）课程内容对于儿童来说，应当是相互关联的，可生成一系列内容的，与儿童已有的知识经验相适应、有意义的。

（5）课程目标应是大多数儿童可以达到的，切合实际的。

（6）课程应考虑儿童的个体需要和兴趣，并由儿童的需要和兴趣所发起。老师要随时对教学经验、教学材料和设备、教学策略进行适当的调整，以适应儿童已有经验、发展速度、学习风格和需要上的差异。

（7）课程应当尊重和支持个体的、文化的和语言的多样性，并与儿童家庭建立积极的关系。

（8）课程应当从儿童已有的知识经验出发，来帮助他们巩固知识，学习和掌握新的知识与技能。

（9）课程应当为儿童提供一个概念化的框架，以使儿童建立在已有知识经验基础上的认识结构逐渐复杂化。

（10）课程既可以突出一定的主题或内容，也可以围绕一定的主题或能促使观念充分发展的学习经验进行。

（11）课程内容应当具有认知上的完整性，也应符合相关科目的认可标准。

（12）课程内容应是值得学习的，应适宜于儿童的智力水平，不会浪费儿童的时间。

（13）课程应能激发儿童的学习积极性，而不是使儿童变得消极被动，应当给儿童提供一定的选择机会。

（14）课程应珍视儿童所犯的错误，而不应为确认"正确"的答案而限制儿童的探索和操作。

（15）课程应重视儿童的思维、推理、判断、解决问题的能力发展。

（16）课程应重视社会性交往的价值，并且提供儿童向同伴学习的机会。

（17）课程应满足儿童对活动、感官刺激、休息、健康和营养（代谢）的生理需要。

（18）课程应给儿童以心理安全感，即让儿童觉得快乐、放松、舒适，而不是被拒绝、恐惧、焦虑或有压力感。

（19）课程应让儿童获得自己所认为的成功体验，使儿童在学习中充满成就感和愉快体验。

（20）课程应具有灵活性，以便教师根据个别或集体的情况进行调整。

芭学园的教学总目标是培养孩子的道德自律、智力自主和易于生存的能力，芭学园所有的课程内容都是朝向这个总目标，教学结构也是从各个不同的方面来完成这一目标和内容。特色课所担负的任务是自由工作所不具备的，而特色课完成的内涵是与芭学园其他课程一致的，特色课的课程宗旨依然是"孩子是脚，教育是鞋"，一切围绕孩子，适合于孩子。特色课的内容是否能够恰到好处地帮助孩子，完全取决于老师对孩子的了解，对儿童心理学的把握，以及对建构式教育的掌握水平，正可谓"练兵千日，用兵一时"、"功夫在诗外"。要上好特色课，老师必须有良好的文化素养，丰富的阅历和丰富的生活经验，以及芭学园教育所要求的良好的教师素养，我们的一切工作都是为了帮助孩子，所以老师要努力地提升自己，上出达到芭学园要求的特色课。

## （四）生活主题课

### 1. 概述

生活主题课是芭学园教学结构中专门为孩子的生活常识及生活礼仪设置的短小课程，一般老师会将生活主题课设置在晨圈之中，根据近期本班孩子出现的有关生活内容方面的问题进行。

### 2. 形式

一般老师会采用以下几种形式：

（1）公告式

一般属于规则类的内容，如：今天看到有的小朋友将脱下的室内鞋，一只扔在门口，一只扔在屋里，老师向全体小朋友公告，所有小朋友的鞋子都要两只合在一起放在鞋架上。还有就是通知：明天芭学园要去远足，要穿怎样的衣服和鞋子，让妈妈准备零食等。老师要分清哪些内容

图五十六

在生活主题课上，一般老师会展示、示范，然后让每一个孩子去练习，接着再和孩子一起讨论在练习时什么动作需要改进。

可以用公告的形式，哪些内容不能用公告的形式。如果将技能和礼仪的内容作为公告的形式向孩子公告出来，那就成了简单的要求和灌输，孩子不但不会立刻做到，反而会因为觉得自己不能遵守老师的公告而感到羞愧和对自己不满。如果将公告的内容用展示和体验的方式呈现又会显得冗长和啰嗦，由于孩子们注意不到重点内容，而使老师的努力付诸东流，久而久之，孩子们会对任何公告类的事情都不在意、不重视，将来上小学后对老师布置的作业也不会在意，每次回来都不知道老师布置的是什么作业，给学习和生活带来很多麻烦。

（2）展示体验式

对于一些生活技能方面的内容，老师一般都采用展示和体验的方式呈现，如怎样擦鼻涕，怎样有礼貌地与小朋友打招呼，吃饭的时候想打喷嚏了怎么办，这些常见的生活技能和常识，成人如果不帮助孩子，孩子是不会天生就知道的，这些生活小节如果不从孩子小时候就开始培养和练习，长大以后变成一个不拘小节的人，纵使才华横溢，也会给自己和他人带来很多麻烦。比如在节假日大家欢聚一堂吃饭的时候，对着桌子一个大喷嚏打过去，会让满餐桌的人都极其不舒服，那顿酒席吃也不是，不吃也不是，如果当事人能自知，下次注意还好，如果当事人不自知，他人就会因这些细节而嫌弃当事人，慢慢地当事人会被疏远，自己又不知道问题出在哪里，进而造成内心的苦闷。所以在社会生活中不能不关注小节，因为小细节也会带来重大的后果，所以孩子从小就应该培养良好的生活习惯和生活技能。这些事情成人不帮助孩子，孩子不会自己意识到，所以成人必须帮助孩子一点一滴地去学习这些生活中的小技能和小常识。

在生活主题课上，一般老师会展示、示范，然后让每一个孩子去练习，接着再和孩子一起讨论在练习时什么动作需要改进，大家非常快乐地改掉自己做得不到位的地方。当这样的生活主题课展示完后，在日常生活中，老师就会严格地去注意生活主题课已经上过的内容，孩子在生活中是否按照生活主题课所输入的方法去做，当孩子出现了相关的问题，老师就会挨个地去帮助他们。生活的习惯和技能，不是几节课就能解决的，需要老师在生活中利用孩子在园里的时间一个一个地建立，一次一次地帮助，最终良好的行为成为孩子的习惯。这就是人格建构的方式，生活技能和良好的生活习惯也是人格建构的重要部分，所以生活主题课也是我们教育中重要的内容。

（3）演绎式

对于一些生活情景的内容，老师会使用演绎的方式，由孩子和老师做演员，将正确的和好的行为表演出来。表演的时候，不能先将不好的行为表演出来，然后再去表演好的，由于孩子没有判断力，无法在比较之下去思考后，选择好的行为，所以演绎中不好的行为也同样会被孩子所吸收，并强化孩子不好的行为。老师和部分孩子演绎，其他孩子观看，这样长期地熏陶，孩子们自然会吸收这些良好的信念，知道哪些行为是好的，是可取的，将来在自己的行为中能够判断为什么此行为比彼行为更加可取，从而控制自己不好的行为，成为一个自律的人。

### 3. 内容

芭学园的生活主题课程主要从健康以及社会两个大的领域来区分，同时也从不同年龄段进行了内容上的划分与对接。

## 案例：芭学园 3-4 岁生活主题课

**课程说明**

对于小年龄的孩子来说，生活主题课应该成为他们适应幼儿园过程当中最重要的一门课程。因为，孩子在刚入园之后，会涌现出很多生活方面的问题，而这些问题对于小年龄孩子来说都比较棘手。生活主题课得内容丰富又广博，它包含了生活技能、社交技能、生活礼仪、安全、健康等知识，是建构孩子完善人格必不可少的"工具"。因此，老师要扎扎实实地给孩子进行生活主题课的每一项内容，每个内容的目标是朝向孩子能够独立完成和解决这些生活中的问题。在实施课程的过程当中，需要鼓励家长积极配合班级的教学工作，同时老师也要每周积极地与家长互动，教会家长如何在家里同步班级的教学内容，做到家园共育。

### 一、基础生活技能

（一）用餐

1. 如何拿取餐具

2. 如何归位餐区

3. 如何盛饭

4. 吃饭时不可以做什么

5. 怎样不把饭洒出来

6. 如果想吃的饭菜够不着，可以怎样做

7. 怎样将公盘传递给下一个人

（二）喝水

1. 怎样倒水、喝水

2. 喝水时不可以做什么

3. 当水洒出来时，可以怎样做

（三）午睡

1. 午睡的规则是怎样的

2. 午睡期间想上厕所，可以怎样做

3. 午睡前脱下来的衣服、鞋子、袜子该怎么摆放

4. 午睡的流程是怎样的

5. 睡不着时可以怎样做

6. 午睡时怎样做不会打扰到别人

（四）穿戴

1. 怎样穿脱衣服（系扣子、拉拉链）

2. 怎样穿脱裤子

3. 怎样穿脱袜子

4. 怎样穿脱鞋子

5. 怎样把上衣塞到裤子里

6. 怎样戴帽子

7. 怎样戴围巾

8. 怎样戴手套

（五）如厕

1. 想上厕所了怎么办

2. 在厕所需要帮助怎么办

3. 上厕所都需要做哪些事情

4. 上厕所时不应该出现哪些行为

5. 怎样擦屁股

（六）擦拭、洗漱、折叠

1. 怎样擤鼻涕

2. 怎样擦眼睛

3. 怎样洗手

4. 怎样刷牙

5. 怎样叠被子

6. 怎样叠衣服

7. 怎样搬凳子

（七）熟悉班级环境

1. 卫生间在哪里以及上卫生间的注意事项

2. 盥洗室在哪里以及上卫生间的注意事项

3. 手工区的工作、归位方法及注意事项

4. 文化区的工作、归位方法及注意事项

5. 娃娃家的工作、归位方法及注意事项

6. 综合搭建区的工作、归位方法及注意事项

7. 木工区的工作、归位方法及注意事项

8. 厨艺区的工作、归位方法及注意事项

9. 个体工作区的工作、归位方法及注意事项

10. 阅读区的工作、归位方法及注意事项

11. 四季桌区域的规则

12. 故事角的工作、归位方法及注意事项

（八）基础生活礼仪

1. 我们可以怎样打喷嚏

2. 我们可以怎样咳嗽


## 二、基础社会技能

（一）打招呼

1. 我们可以怎样打招呼

2. 怎样跟不认识的人打招呼

3. 见到客人，可以怎样做

4. 如果有人跟你打招呼或者说再见，应该怎样做

（二）打断与被打断

1. 当别人在说话，你想打断他们的谈话，你要怎么做

2. 当别人打断你正在说的话，你要怎么做

3. 分享与被分享

4. 当有人想分享我们的东西时，我们该怎么做

5. 当别人不想与我们分享时，我们该怎么做

（三）沟通

1. 如果有人拿走了你的工作材料，你可以怎么做

2. 如果你想使用别人的工作材料，你可以怎么做

3. 如果有人做了让你感到不舒服的事情，你可以怎么做

4. 如果有人打扰了你的工作，你可以怎么做

5. 如何保护自己的工作和先拿到的玩具

6. 如果想加入别人的工作，你可以怎么做

7. 如何引发别人的帮助

（四）社交基础礼仪

1. 如果你做了让别人感到不舒服的事情，你可以怎么做

2. 如果有人帮助了你，你可以怎么做

3. 当别人向你打招呼，你可以怎么做

4. 当别人朝你微笑，你可以怎么做

5. 公共游乐设施上的人太多，你却很想玩，可以怎么做

6. 公共玩具谁先拿到谁先使用，你知道吗

（五）情绪管理

1. 当你感到很生气时，可以怎么做

2. 当你感到很难过时，可以怎么做

3. 当你感到很无聊时，可以怎么做

### 三、基础安全知识

1. 外出活动时，怎么会不会和大人走丢

2. 如果有陌生人带你走，你该怎么办

3. 为什么口、耳、鼻里面不能随便放东西进去

4. 怎样开门、关门才不会夹到手

5. 在芭学园里，去做哪些事情时需要和老师说

6. 排队时需要怎么做

7. 上、下楼梯的时候，需要怎么做

8. 在没有经过老师同意的情况下，不能擅自触碰班级

## 四、基础健康知识

1. 哪些食物对人的身体是好的

2. 哪些食物对人的身体是不好的

3. 天气热的时候穿什么样的衣服

4. 天气冷的时候穿什么样的衣服

## 五、环境照顾

1. 如何擦玩具

2. 如何擦桌子、椅子、门、窗台

3. 如何扫地、拖地

4. 如何照顾图书

5. 如何照顾小动物

6. 如何照顾植物

# 案例：芭学园 4-5 岁生活主题课

### 课程说明

大年龄的孩子已经有了前一年各领域基础技能的培养，尤其是在生活领域，到更大一点的年龄依然可以对这些内容进行巩固，但不一样的是，孩子针对这些内容的学习角度不同了。孩子不仅能够做到这些事情，还开始思考：为什么要这样做，而不能那样做，这样做的好处是什么，那样做的坏处又是什么。让孩子将这些内容在一天天的生活过程中逐渐内化形成孩子独特的人格之美。同时老师也要每周积极地与家长互动。教会家长如何在家里同步班级的教学内容，真正做到家园共育。

# 一、基础生活技能

## （一）用餐

1. 如何拿取餐具才不会发出声响

2. 如何归位餐具才不会弄坏餐具

3. 如何盛饭才不会把饭撒出来

4. 吃饭时做哪些事情会让别人感到不舒服

5. 你是如何做到不把饭撒出来的

## （二）喝水

1. 怎样喝水才能不洒出来

2. 喝水时不可以做什么

3. 当水洒出来时，可以怎么做

## （三）午睡

1. 如果你睡不着，怎么做才不会打扰到别人

2. 乱放午睡前脱下来的衣服、鞋子、袜子，会怎样

## （四）穿戴

1. 怎样系鞋带

2. 怎样系扣子、按扣、拉链

3. 怎样保证自己穿戴整齐

4. 怎样帮助小年龄的孩子穿戴

## （五）如厕

1. 上厕所发现有很多人时，怎么办

2. 上厕所时发现马桶脏了，怎么办

3. 上厕所的规则是怎样的，例如：如果每个人上完厕所不冲马桶会怎样

4. 上厕所时不应该出现哪些行为

## （六）整理

1. 如何整理被子包

2. 如何整理自己的书包

3. 如何整理自己的衣服

4. 如何整理自己的房间

（七）基础生活礼仪

1. 我们可以怎样打喷嚏

2. 我们可以怎样咳嗽

3. 公共场合想放屁了，怎么办

## 二、社会技能

（一）打招呼

1. 你知道的打招呼方式是怎样的

2. 怎样跟不认识的人打招呼

3. 见到客人时，你可以怎么做

4. 如果有人跟你打招呼，你可以怎么做

（二）打断与被打断

1. 当别人在说话，你有着急的事情不得不打断他们，你可以怎么做

2. 当别人打断了你正在说的话，你可以怎么做

3. 当家里来了客人正在和爸爸妈妈谈话，哪些事情我们不能做，怎样做是最好的

（三）分享与被分享

1. 当小朋友想分享我们的东西时，我们怎么做

2. 当小朋友不想与我们分享时，我们怎么做

（四）沟通

1. 如果有人拿走了你的工作材料，怎么办

2. 如果你想使用别人的工作材料，可以怎么做

3. 如果有人做了让你感到不舒服的事情，你可以怎么做

4. 如果有人打扰了你的工作，你可以怎么做

5. 如何保护自己的工作和先拿到的玩具

6. 如果想加入别人的工作，你可以怎么做

7. 怎样向他人提出帮助的请求

8. 怎样关怀新来的小朋友

（五）做客

1. 怎样做客人

2. 怎样做主人。

## 三、社会礼仪

（一）基础礼仪

1. 如果你做了让别人感到不舒服的事情，你可以怎么做

2. 如果有人帮助了你，你可以怎么做

3. 不同的环境中人们该有的状态

4. 当你的眼睛与别人的眼睛相对时，你可以给一个微笑或者说你好

5. 怎样有礼貌地和各种年龄的人沟通

（二）情绪管理

1. 如果有人拒绝了你，你要怎么做

2. 当别人不采纳你的建议，你要怎么做

3. 当你感到很生气时，怎样才不会伤害到别人、公共物品以及自己

4. 当你感到悲伤时，你可以怎么做

5. 当你感到无聊时，你可以怎么做

（三）物品归属

1. 如果你捡到东西，应该怎么做

2. 当你看到别人的东西而且很喜欢，可是它的主人并不在时，应该怎么做

## 四、安全知识

（一）生活安全基础认知

1. 你认为生活中哪些物品存在安全隐患，我们应该怎么做

2. 你认为哪些行为存在安全隐患，我们应该怎么做

3. 你认为哪些环境存在安全隐患，我们应该怎么做

4. 身体的哪些地方别人不能摸？

（二）各类报警电话及拨打方式

1. 什么情况下拨打 110，拨打 110 求助电话需要注意什么

2. 什么情况下拨打 120，拨打 120 求助电话需要注意什么

3. 什么情况下拨打 119，拨打 119 求助电话需要注意什么

（三）陌生人

1. 什么是陌生人

2. 陌生人给东西吃，怎么办

3. 陌生人要带你找爸爸妈妈，怎么办

4. 陌生人要你去到一个地方帮助他（她），怎么办

5. 陌生人要强行抱你走，怎么办

（四）公共交通安全

1. 过马路时，需要注意什么

2. 乘坐汽车的注意事项有哪些

3. 有车经过的地方，应该怎么做

## 五、健康知识

1. 你知道哪些食物对人的身体是好的

2. 你知道哪些食物对人的身体是不好的

3. 你知道哪些东西对人的身体是好的

4. 你知道哪些东西对人的身体是不好的

## 六、环保知识

1. 如何照顾我们的环境

2. 如何珍惜水资源

3. 如何保护空气

4. 如何保证食物的安全

5. 如何珍惜食物

6. 如何保护墙面保持干净，如果墙面脏了会怎样

7. 如何保护走廊上的画

8. 了解塑料与环境的关系

## 案例：芭学园 5-6 岁生活主题课

**课程说明**

孩子在芭学园有了整整两年的前期建构和基础之后，我们所建构的各个领域的内容已经在孩子身上留下了烙印。他们已经能够将这些东西内化变成他们自己的生活习惯。到这个年龄阶段，孩子依然需要学习人类高级的品质，了解该怎么做才能朝着这个方向继续前进。因此，这个阶段的生活主题课依然很重要，只不过侧重点会放在品行和礼仪方面。

### 一、生活礼仪

1. 西餐礼仪

2. 生活中男孩子不能做的事情（或应该注意的事情）

3. 生活中女孩子不能做的事情（或应该注意的事情）

### 二、安全能力

（一）各类救助措施

1. 看到有人落水，怎么办

2. 发现煤气泄漏，怎么办

3. 自己皮肤擦伤该如何处理

4. 如何帮助正在流血的人

（二）各类报警求救电话

1. 什么情况下拨打 110，拨打 110 求助电话需要注意什么

2. 什么情况下拨打 120，拨打 120 求助电话需要注意什么

3. 什么情况下拨打 119，拨打 119 求助电话需要注意什么

4. 为什么报假警属于违法行为

（三）自我保护

1. 身体哪些部分不能让别人摸

2. 大人不在时有陌生人敲门，怎么办

3. 被困在某个地方时，如何求救

## 三、人类健康

（一）科技产品与人类健康

1. 哪些科技产品对人类健康有害

2. 我们该如何正确使用这些对人类健康有害的科技产品

3. 你的身边有人的健康正受到科技产品的影响吗，如果要你帮助他，你打算怎么做

（二）生活习惯与人类健康

1. 哪些生活习惯对人类健康有益

2. 哪些生活习惯对人类健康有害

3. 你觉得人们应该如何改掉不良的生活习惯

（三）生存环境与人类健康

1. 你认为人类生存最重要的条件应该是什么

2. 我们该如何保护这些资源

## 四、社交礼仪

（一）尊重

1. 如何跟不同的人打招呼

2. 如何跟别人探讨一个问题

3. 当发现别人的问题，如何提出才不会让对方感到尴尬或不舒服

4. 对于第一次见面的人，如何决策对他的称呼

5. 如何对待一个正在受到伤害的人

6. 如何对待那些身体有缺陷的人

7. 如何对待被群体排斥的人

（二）遵守规则

1. 你觉得人类为什么需要规则，如果没有规则会怎样

2. 你觉得如果集体中有人不遵守规则会怎样，你是怎样遵守规则的

3. 你觉得在你生活的环境中，哪些规则是合理的，哪些规则是需要改的，你修改的建议和理由是什么

## 五、归属感

（一）集体概念

1. 你是否喜欢你所在的集体，为什么

2. 你认为你为集体做过那些有意义的事情

3. 你觉得一个最棒的班级氛围应该是怎样的

（二）家乡的概念

1. 你知道什么是家乡吗

2. 你知道你的家乡在哪里吗，你还知道家里其他人的家乡在哪里吗

3. 你的家乡有什么特点吗（美食、风景、歌曲、方言……）

（三）国家的概念

1. 你知道自己生活在哪个国家吗

2. 你知道你是什么民族吗，除了你的这种民族你还知道哪个民族

3. 你知道中国有多少个民族吗，他们的特点是怎样的

4. 你觉得中国最厉害的发明是什么

5. 你觉得中国哪些地方比外国好，为什么

6. 你了解我们国家的领导人吗？你觉得他怎么样

7. 如果要你给我们国家的领导人的工作提一些建议，你会对他说什么

### 六、交通礼仪

1. 为什么要女士优先，你怎么看待这个规则

2. 为什么乘坐公共交通工具时要主动给老人、孕妇、抱小孩的、残疾人让座

3. 为什么乘坐公共交通工具时，不能吃味道很重的食物

4. 为什么乘坐公共交通工具时，不要大声喧哗

5. 乘坐公共交通工具时，还有哪些行为会打扰到别人

6. 乘坐公共交通工具时，如果大家把公共物品都破坏了会怎样

7. 等待公共交通工具时，如果有人插队了，怎么办

## （五）远郊活动

### 1. 概述

远郊活动是芭学园每个季度一次的外出游玩活动，活动目的是为了让孩子感受每个季节的特征和大自然的变化，在大自然中去体验人与自然的和谐，去探索自然，并对大自然具有热爱之情。

在远郊活动中老师会设置一些项目，目的是让孩子发现大自然的乐趣并热爱自然，使得接近自然在将来能成为孩子休闲娱乐生活的一部分，这种休闲娱乐的生活对人类来说是健康的——接近大自然是芭学园给孩子心中种下的一颗健康的种子。

尽可能地到天然的环境中去，如田野、野山脚下、未开发的野森林和土地、果园等。小年龄的孩子可以考虑到自然气息浓一点的森林公园里活动，在不同的季节应该选

幼儿园的一次远足，老师观察到两件事

图五十七

远郊活动的目的是为了让孩子感受每个季节的特征和大自然的变化。

择不同的场合，如：春季可以选择有麦田和早开花的果园，使孩子能够发现春天的特征和感受到春天万物复苏的气息；夏季可以选择山林，让孩子体验万物茂盛、互相依附、和谐生存的气息；秋天可以选择果园，让孩子发现经历春夏之后，万物成熟，果实累累，让孩子体验到付出与收获，以及收成的壮观；冬季可以选择公园，让孩子感受踩着厚厚的树叶，体会万物休息的感觉。

在这些远郊前后，老师可以配上合适的故事和其他方面的准备，让孩子怀着对这个季节的情感和想象进入到季节之中，收获会更大一些。

### 2. 流程

（1）对活动场地的准备

一般活动场地都由专门的人员进行联系和寻找，老师要事先与这些人员联系，了解场地的情况，从而可以事先设计孩子要穿的衣服、要带的物品，以及可以做的活动。

（2）活动前的准备

老师的准备：

老师要先跟孩子们进行情感和情景的营造，这种营造使得孩子在远郊时内心会有一种情怀，在这种情怀之下，孩子会利用所在的环境去发展自己对环境的更深刻的情感和理解，并且在情感的支持之下，去寻找远郊活动中自己所需要的内容。

老师还要考虑整个远郊活动的方案，从哪下车，从哪里穿过，到哪里停止，长时间的工作在什么地域进行，物品和包放在什么地方，集体活动在什么地方做，在什么场地可能会出现怎样的教育机会，利用这些机会可对孩子进行哪方面的帮助，比如迷路练习、安全注意、救援练习等。

当这一切设计好之后，在远郊时老师就会心中有数，现场再根据具体情况进行调整，就会使整个活动有张有弛，不会草草地随意浪费掉这次难得的机会。

老师还要为孩子准备远郊中可能需要的所有物品：水、湿纸巾、卫生纸、便盆、医药箱，预备紧急救助的车辆和人员，排除场地安全隐患，有水的地方如果孩子玩水，就要为孩子准备可替换的衣物，对于天气的突然变化要提前考虑，提前查询天气预报。

家长的准备：

由于远郊是在户外，无论春夏秋冬，都会有许多复杂的情况，如有蚊虫叮咬，树枝刮擦，还会接触沙土、水和泥等，所以老师在通知家长做准备时，一定要想到这些因素，不能以为家长什么都知道，只通知家长准备即可，到外出时才发现，有的孩子穿着凉鞋，有的孩子穿着短裤，有的孩子没带遮阳帽，有的孩子没带水壶……在这里我们列出通知家长远郊时必须准备的物品：

| 长裤 | 长袖衣服 | 遮阳帽 | 冬天保暖的围巾、手套 |
|------|----------|--------|----------------------|
| 零食 | 可更换的衣物 | 水壶 | 旅游鞋、球鞋 |

### 3. 活动中的安全

在远郊时，由于在野外，有很多不确定因素，在安全方面老师一定要倍加小心，如：深草中可能会有蛇或者其他动物咬伤孩子；有毒的蝎子、蜘蛛、黄蜂，也会使孩子受到重创；还有被砍伐掉或者剪了枝的硬草根和树杈，孩子如果奔跑时不小心撞到会受伤，所以老师要细心地检查活动场地中的这些危险，如果危险无法排除，就要阻止孩子到有危险的区域活动。事先老师可以拿着树枝或小棍子在有草和落叶的地方拍打，驱走有可能伤害孩子的昆虫和小动物，然后再让孩子进入玩耍。到了自由工作的场地，一定要将孩子们集中在一起，向他们宣告活动的范围和注意的事项，老师要在不会吓到孩子的情况下，恰到好处地提醒孩子，注意到安全问题。

# （六）社会活动

### 1. 概述

社会活动是带孩子到社会中的各行各业去实地参观或体验，让孩子初步了解人类生活的类型，了解与我们日常基础生活相关的内容，否则孩子只处在家庭生活的内容之中，很少了解与家庭生活相关并支持我们生活的社会内容，以为只有家庭内部的这些内容就可以生活了，所以在孩子的认知领域里，加入社会实践，能够扩大孩子内心的视野，即使孩子只在家庭中生活，内心的领域也不只限于家庭的领域之中，这就像我们生活在一个孤岛上，如果这个岛屿没有通向大陆的桥梁和船只，我们就会以为，世界只有这个岛。我们即使

**图五十八**

社会活动是带孩子到社会中的各行各业去实地参观和体验,让孩子初步了解人类生活的类型,了解与我们日常基础生活相关的内容。

知道在岛之外还有其他地方,但我们的心和意识都无法与更广阔的地域相连接。如果有大风大浪,我们会担心岛屿被淹没了,我们就会随着岛屿一起消失。如果我们知道有了通向大陆的桥梁和船只,即便我们一生生活在这个岛上,内心也会知道我们与更广阔的地域是相连着的,当我们担心这个岛屿有可能被淹没的时候,在意识中,我们就会多了一种生存下去的道路,那就是我们有可能会通过桥梁和船只转移到安全的地方去。一个人是否孤独,不在于你每天是否与很多的人接触和来往,而在于你内心是否知道在你的身边有更广阔的领域,有更多的人,有很铁的朋友。

社会活动的目的并不是为了让孩子学会那些行业的技能,只是让孩子了解在家庭和幼儿园的环境以外,还有怎样的领域,人们都在做着什么,以便使孩子将来有能力的时候，会知道在自己的生活领域里，有其他很多相关的领域在支持着我们的生活，使孩子内心产生一种安全和感恩的情怀，这样的人更容易开放地接纳别人并去支持别人。

## 2. 内容

社会活动所参观的内容应当是适合儿童的，包括适合儿童的身体成长和心灵成长。

**图五十九**

社会活动的目的并不是为了让孩子学会那些行业的技能，只是让孩子了解在家庭和幼儿园的环境之外，还有怎样的领域，人们都在做着什么。

活动内容是儿童可以理解的。

活动内容对儿童的经验积累、发展是有帮助的。

例如：乘坐地铁和公交车、参观银行、体验购物、参观牙医诊所、参观公交车调度、参观奶牛厂、参观乳制品加工厂、参观种植园、参观粮食加工厂、参观食品加工厂、参观各种博物馆、观看各种绘画展览、参观音乐艺术排练、听音乐演奏会、参观画家村等。

### 3. 流程

（1）对活动场地的准备

一般活动场地都由专门的人员进行寻找和联系，老师要事先与相关人员联系，了解场地的情况，从而可以事先设计孩子要穿的衣服，要带的物品，以及可以做的活动。

（2）活动前的准备

老师的准备：老师要先跟孩子们进行情感和情景的营造，这种营造使得孩子在参观和体验时内心会有一种情怀，在这种情怀之下，孩子会利用所在的环境去发展自己对环境的更深刻的情感和理解，并且在情感的支持之下，去寻找活动中自己所需要的内容。

老师还要考虑整个社会活动的方案，从哪下车，从哪里穿过，到哪里停止，长时间的工作放在什么地域，物品和包放在什么地方，集体活动在什么地方做，在什么场地可能会出现怎样的教育机会，利用起来对孩子进行哪方面的帮助，比如观看哪些工作、参与哪些工作体验、如何注意安全以及作品收藏等等。

当这一切设计好之后，在活动的时候老师就会心中有数，现场再根据具体情况进行调整，就会使整个活动有张有弛，不会草草地随意浪费掉这次难得的机会。

老师要为孩子准备社会实践中可能需要的所有的物品：

老板，你们家最贵的戒指是哪个

水、湿纸巾、卫生纸、便盆、医药箱，预备紧急救助的车辆和人员，排除场地安全隐患，有水的地方如果孩子玩水为孩子准备可替换的衣物，对于天气的突然变化要提前考虑，提前查询天气预报。

家长的准备：社会活动是在社会中的真实场所，会有许多复杂的情况，所以老师在通知家长做准备时，一定要想到这些因素，不能以为家长什么都知道，只通知家长准备即可，到外出时才发现，有的孩子穿的鞋子很不适合长时间走路，有的孩子没带遮阳帽，有的孩子没带水壶……在这里我们列出通知家长必须为孩子准备的物品：

| 遮阳帽 | 水壶 | 冬天保暖的围巾、手套 |
|--------|------|----------------------|
| 零食 | 可更换的衣物 | 旅游鞋、球鞋 |

### 4. 活动中的安全

在社会实践时，由于有很多不确定因素，在安全方面老师一定要倍加小心，如：路途中的人数清点，路线控制，尤其注意拐弯以及岔路口；危险的器件和陌生人控制。到了自由工作的场地，一定要将孩子们集中在一起，向他们宣告活动的范围和注意的事情，老师要在不吓到孩子的情况下，恰到好处地提醒孩子，注意到安全问题。

# 二、特别课程

## （一）特殊日

特殊日在芭学园的教育中不算是主要的内容，但是在漫长的冬天和炎热的夏天，可以作为孩子生活的调剂，将延绵不断的时间用特殊日分成一个个段落，使孩子对某些日子有特别的感受。特殊日为孩子增加了一些对每日不同意义的感受和活动的认识。特殊日的目的只是培养孩子能够从日常的生活中挑出点点滴滴作为生活的珠宝，点缀在平凡的生活中，使得生活有滋有味、光彩夺目，也是在孩子心目中种下一个提高生活质量的种子。

各班老师可以根据自己的爱好，或受孩子们的启发去创造特殊日，内容可以涉猎生活中的各个方面，如：帽子日、奇怪发型日、眼镜日、化妆日、奇装异服日、奇怪鞋子日、歌唱日、插花日、茶艺日、旧物改造日。

其组织形式和远郊、社会活动一样，经历一个策划、准备、过程设计、过程实施的流程，最后完成，注意在这一过程中利用教育机会，增强孩子们的团队意识、自豪感和自信、审美能力等。

当幼儿园突然停电停水一整天

母亲节那天，芭学园的孩子和老师都"怀孕"了

你从来都没见过的奇怪帽子

**图六十**

孩子们在帽子日戴上各种奇异的帽子。

穿过玫瑰花门，
奔赴生命中的
"彩虹之约"

## （二）玫瑰典礼

玫瑰典礼是芭学园为即将升入学前班的孩子准备的仪式活动，这个活动不是一个毕业结束的仪式，而是一个开始的仪式，目的是让孩子们意识到，从这一天起自己要从一种生活转入另一种生活，从一个地方转到另一个地方，从一个团体进入另一个团体中，这种仪式能让孩子清晰地意识到自己的成长和变化，因此做好心理准备迎接即将开始的新生活。

### 1. 时间

玫瑰典礼设在每年的八月底，在前一届学前班毕业之后。

### 2. 环境

玫瑰典礼的场景一般设在院落之中，最好在树丛里，

图六十一

在芭学园的奇装异服日，孩子们穿上自己设计制作的服饰，欢乐地向观众展示。

玫瑰典礼有一个标志性的门，这个门要尽可能地设在两棵树的中间，用绿色的枝叶和鲜艳的花朵装点起来，突出门上的玫瑰花。在门洞的两边，最好有一定的屏障隔开，门洞的四周不宜是敞开的空间，这样孩子钻过门洞才有从一边到另一边的感觉。

场地座位分为：家长观礼席、学前班新生席、儿童观礼席（4 岁以上孩子）、嘉宾席（刚毕业的孩子和家长）。

### 3. 流程

（1）老师提前布置典礼场景。

（2）学前班新生家长在孩子到来之前入座，在仪式结束之前任何家长不得离开自己的座位，在这一天所有家长都要用礼仪的方式跟孩子打招呼和给予支持，与孩子保持距离，不要跟孩子腻在一起。

（3）各班老师在活动当天将 4 岁以上的孩子带入观礼席，然后让学前班老师和唱名老师就位，当年毕业的孩子就位，准备迎接及帮助学前班的新孩子。

（4）各班老师将学前班新生带到玫瑰门的入口处，按照名单排列等待。

（5）过门仪式。在听到唱名后，由原主班老师将孩子送到玫瑰门的门口，并给予支持和鼓励。

（6）孩子钻过玫瑰门，学前班的主班老师跟孩子握手，副主班老师协助已毕业的孩子给学前班的新孩子们送上玫瑰花并引领他们到达座位。

（7）各科老师介绍：各科老师介绍自己和自己的课程。

（8）晨圈。4 岁孩子撤离，其他人员进行晨圈活动。

（9）吃点心。用湿纸巾擦手然后吃点心。

（10）吃完加点后，家长们边唱歌边拉手撤离会场，已毕业的孩子及其家长也撤离，然后园长带领学前班新生的家长进行互相认识的活动，学前班新生跟老师进班。

图六十二

玫瑰典礼是芭学园为即将升入学前班的孩子准备的仪式活动。

## （三）毕业典礼

毕业典礼是专门为芭学园的毕业生准备的，有一些没上学前班、但已经达到毕业年龄并且要离开芭学园的孩子也可以参加。毕业典礼中有毕业班家长准备的节目、老师们准备的节目、孩子们的节目，重头戏还是孩子们的节目，这是一场孩子的展示，也是第一次让孩子感受到他们被需要、被留恋的活动。情感因素是非常重要的内容，在活动之前，学前班的老师要帮助孩子准备好典礼中要演出的节目，尽量展示本班孩子的才艺，让孩子获得一种成功感和成就感。最后，让孩子们带着对幼儿园美好的记忆和在这里被人爱着的感受离开芭学园。

看过那么多的毕业典礼，这一次依然忍不住

### 1. 时间

活动设在每年八月的第三个周末。

### 2. 环境

场景一般设在有舞台的大礼堂，观众座位在三百以上，有良好的音响、幕布、灯光等舞台设备。

参加人员为：应届毕业生与家长、往届毕业生与家长、4岁以上孩子与家长。

### 3. 流程

（1）组成负责各部分工作的团队：负责毕业生家长接

图六十三

让孩子们带着对幼儿园美好的记忆和被爱着的感受离开芭学园。

待的团队、负责会场秩序的团队、舞台总监的团队（包括负责舞台设备的团队、负责舞台效果的团队）、负责联络的团队、负责收拾的团队、主持人团队、节目排练团队。

（2）布置场地：检查音响、灯光、安全。

（3）联络相关人员。

（4）节目目录排版以及相关人员沟通。

（5）观众和演员入场。

（6）演出节目开始。

（7）节目结束，点亮蜡烛、熄灭蜡烛。

（8）搭建友谊桥。全体芭学园员工护送所有孩子和家长钻过友谊桥离开会场，芭学园员工站在友谊桥的末端，将家长送走后，撤回礼堂，等待家长离开会场后收拾东西。

（9）将演出物品归位后，活动完全结束。

## （四）野外生存

这群5岁小孩，10公里爬山、探险、寻宝

### 1. 概述

野外生存是为每一届学前班孩子准备的活动，在每年的十月份，天气转凉、水果丰收的季节，孩子们会被带到一个乡下的农家院中，离开自己的父母，与老师和同伴一起，度过 48 个小时。这一活动的目的是为了让孩子们发现和小朋友一起生活的可能性，以及练习和发展独立的能力，增加他们内心的力量，增加他们对自己能力的认识，增强他们的自信。

### 2. 内容

（1）了解环境：孩子到一个新环境中，需要对这个环境进行摸底，这样，才会了解自己所住的环境是否安全，并与自己住的环境进行连接。所以在野外生存活动的第一天下午，孩子可以自由地在所住的院落里活动和玩耍，然后到周边事先选好的场地中进行自由探索活动，这样孩子即使住在农家院中，也对自己所住的地方周边的地形和地貌有了一定的了解，否则就像换了一个家一样，孩子不能建立一个对自己所处的地理环境的认识。

（2）与同伴建立和谐相处的关系：孩子第一次离开父母，将要和同伴一起生活几十个小时，这是一个特殊的过程，既不像在教室里上课的中场休息时间，也不像在家中与来做客的小朋友玩耍。在这里，所处的环境不属于任何一个小朋友也不属于幼儿园，每个小朋友的父母都不在身边，给孩子们一个自由的时间让孩子们利用所住院落中的物品和场地，在玩耍中和其他小孩之间建立起团队的相互依存关系，这样的友谊对他们未来生活中的友谊具有很好的支持作用。

（3）黑夜探险：第一天的晚上是孩子们少有的在一起独立度过的晚上，老师们要事先探好路线，带孩子们去进

**图六十四**

野外生存是为每一届学前班孩子准备的活动，孩子们被带到一个乡下的农家院中，与老师和同伴一起度过48个小时。

图六十五

寻宝在野外生存活动中具有重要意义。寻宝之后的交流，孩子们学着进行讨论、总结和归纳，通过自己的探讨，来发现生活的意义。

行夜晚的探险。在城市里，孩子们很少有在夜晚、没有父母的陪伴而集中在一起玩耍的时间，野外生存为孩子提供了这样的机会，孩子们可以集体体验一下在神秘的黑夜中，集体相依相偎，共同面对黑暗的感受，这样的活动能够使孩子们发现自己的胆量和勇气，老师创造机会让孩子发现自己的成功，孩子们的力量会大大地增加，经历了这种活动的孩子，再经历第二天的活动时就会显得特别自主和有力量。

（4）寻宝游戏：寻宝被安排在野外生存活动中具有重要的意义。第一，为了让孩子们了解将要开始的文化学习的作用，在寻宝的活动中，必须使用寻宝图；第二，孩子们必须按照寻宝图的路线去寻找，才可能找到隐藏的宝物，这使他们发现将要学习的字和画在生活中的作用；第三，藏宝的寻找对孩子们来说，必须具有恰当的挑战性，不能太简单也不能太难，这也是为他们未来的学习生活做一个象征性的开头——他们未来的学习和生活就像这一次的寻宝一样，要付出努力，要遵守必要的规则，才能获得成就。在寻宝游戏中，孩子们第一次为他们生活的实际问题而进行讨论、总结和归纳，通过自己的探讨，来发现生活的意义。

（5）完成任务：在寻宝游戏之后，还有相应的其他任务需要完成，这些任务是寻宝游戏的延展。其实野外生存就是学前班孩子的拓展活动，不是随便带孩子出去玩玩，它与远郊、社会活动的目的完全不同，所以拓展的内涵在这里占有很重要的比例，事先老师必须精心设计才能完成这次活动。

（6）自由活动：在组织活动完成之后，或者在中间，自由活动可以作为节奏的调节，恰当地穿插在其他活动中间，为孩子48小时的野外生活，带来轻松和自由。

（7）集体用餐：集体用餐在孩子们的生活中并不少见，因为在芭学园中每一餐都是在集体中完成的，但是野外生存活动中的集体用餐，却是坐在大人用的大圆桌边，转桌传菜的方式也跟成人一样，所以在餐桌上建立起同伴互相关怀互相照顾的意识以及用餐礼仪是很重要的课程，所以组织野外生存活动的老师一定要注意，用餐也是野外生存的课程之一。

（8）集体睡觉：夜晚的集体睡眠，是孩子们不常经历的，尤其是晚上脱了衣服睡在一个大通铺上。为了使孩子们有集体宿舍的感觉，对这次睡大炕留下印象，老师在找宿舍时一定要找到有大炕的场地，这个时间老师一定不要太多地干涉孩子，把时间完全交给孩子，无论孩子怎样蹦跳嬉闹，老师最好安静地躺在自己的床铺上，让孩子们自己疯个够，最好一直等到他们自然地躺下睡觉。如果实在太晚了，为了保证第二天的活动，老师可以建议孩子们开始睡觉。

（9）打理自己的生活用品：在野外生存活动中孩子所有的生活物品，都需要自己独立保管和照顾。老师可以帮助孩子，但不要替代孩子，尽量鼓励他们自己去做到，并让他们去发现自己能做到。老师不可以对孩子说：你自己做，这是你的事情。在孩子寻求帮助的时候，还是要帮孩子，但是要给孩子留下自己做的余地。如果在孩子要求老师帮助的时候，老师不帮助，孩子就会觉得非常愁苦、无助，反而在以后的日子里害怕离开自己的父母，如果是这样，这次野外生存的结果就会适得其反。

### 3. 意义

培养孩子的自理能力、安全意识和自我救助能力。

培养孩子合作互助的精神、分享的品质。

培养孩子探索的精神，解决问题的能力。

增强孩子的自信心与集体意识。

增强孩子的心理力量，提高应变能力、适应野外生活的能力。

# （五）节日

一场"舞狮大会"，可把孩子们乐坏了

在节日这天老师要把班里的环境布置得和平时不同，环境要美，要让孩子感觉到和平时上课时不一样。这天，吃饭的桌子可以放上鲜花和漂亮的薄纱（或者漂亮的桌布），不同的节日可以有不同的环境氛围。如：儿童节这天可以让孩子们带上好吃的东西到班里和大家一起分享，穿上漂亮的衣服，班里的环境要布置得优美些，可以挂上气球、彩带等装饰物品。

今年的端午节有点特别

这天的课程，老师可以设计有关节日的内容。给孩子讲些关于节日的故事，如七夕节可以给孩子讲有关《牛郎织女》的故事，让孩子知道节日的来源。端午节可以给孩子们系花绳，包粽子，让孩子们了解传统节日的习俗。给孩子讲故事、过节，为的是让他们了解祖国的节日有哪些，

**图六十六**

节日这天的环境和课程内容都与平日不同。

这些节日的含义是什么，感受过节的氛围。

# （六）生日

生日这天老师要给过生日的孩子准备一些特别的东西：生日礼物（老师和小朋友可以各准备一样）、"小寿星"戴的花环、自制蛋糕、鲜花、桌布（用于布置餐桌）、蜡烛，

图六十七

在班里过生日，能让孩子们感受到和别人一起分享自己生日时欢乐的氛围。

小班的孩子可以准备些过生日时讲故事的布偶，用布偶的形式讲故事，大孩子可以用口述的方式讲故事。

这天的课程主题可以设计成"过生日"，布置好环境后让孩子们安静地坐下来，在讲故事时给"小寿星"戴上生日花环，并且让他坐在老师的旁边，让这个孩子感受到和平时的不同。（各个班的内容不一样，生日的流程可依班里的情况而定）

对于过生日的孩子来说，这是个比较重要的日子，老师要提前准备好，每个环节要衔接好，这天尽量让这个孩子高高兴兴地带着自己的生日礼物回家。生日会对每个孩子都很特别，生日这天他们知道自己又长了一岁，对于比自己小的孩子来说已经是哥哥、姐姐了，也是在提醒他们可以帮忙照顾小孩子了。在班里过生日能让孩子们感受到和别人一起分享自己生日时欢乐的氛围，和好朋友分享自己带来的好吃食物，能让孩子慢慢地感受到身边美好的事与物。

吃了长寿面，我也能活无穷

孩子是脚，教育是鞋

# （七）戏剧

## 1. 概述

儿童戏剧的文本要经过修改，要给予孩子"世界是美好善良"的内心感受，也要适合儿童参与的需要，其目的不仅仅是娱乐，主要是能鼓励儿童思考问题，感受各种情感，能主动表达自己的想法和发挥创造力。这时的剧场也

**图六十八**

家长也应该成为戏剧的参与者，创作剧本、制作道具，或直接上台为孩子们贡献精美的视觉享受。

有一种里斗，看着爸妈演戏剧，慢慢长大

一场演给孩子看的戏剧是怎么来的

看完爸爸妈妈演戏剧，这些小孩都成了戏剧迷

成了教育的空间，儿童既是观众又是演员，他们不受限制约束可随时给演员（小年龄段的孩子）提建议，年龄愈小的儿童表演得会愈自然。这时的孩子就成为演员、观众、导演、剧作家、舞台设计者、评论家等，他们会在一个虚构的世界里探索和检验自己的想法、同他人的各种关系，借用戏剧的表现形式积极地表达自己内心的想法。从这样一个有趣的领域中，孩子能够感受到世界、体验到快乐；并且在假装扮演中孩子能分享到别人的感受和认知，会逐渐改变他们对周围事物的偏见（戏剧也有治疗作用）。儿童的戏剧教育要充分关注到儿童的参与性、主动性、创造性，最大限度地吸引儿童的学习兴趣和探索欲望。

### 2. 要求

剧本必须满足让孩子感受这个世界善良美好的需求，所以剧本中不能有残暴、恐怖的情节，故事的结局必须是美好圆满的。剧本要符合儿童心理成长需要，而不是"说教、树立英雄"等传统的道德教育，比如"××为了帮助别人，把自己的食物全部给了别人，自己饿肚子"（或为了营救别人而献出了自己的生命等），对孩子来说这样的情景都太苦难了，孩子会因为害怕而再也不敢去帮助别人，所以剧本一定要经过加工符合儿童的心理需要才能交给孩子，剧本中的美是充满智慧、幽默、善良的，是符合真理的，是人类真正的美好情感。

化妆也是需要讲究的，角色不能化妆得太夸张恐怖而吓着孩子，而需要艺术化的"美"的输入，比如色彩的搭配，过多的黑色、白色就是不合适的。一些历史故事，老师可以参照当时的史实，制作符合角色的服装。戏剧中的反面角色是格外需要关注的，他一般都是需要帮助的人，也是这部戏剧引导孩子去观察冲突、感受世界的地方，怎样对待反面角色，会直接影响孩子怎么看待自己的冲突，并且采用什么样的方式来解决——是粗暴地打倒呢，还是用更智慧的爱去帮助反面人物。

给小年龄的孩子的戏剧故事中，剧情冲突要简单一点，给大孩子的戏剧故事，可以有稍微复杂一点的冲突，能引导孩子展开思考，但表演时也不能有打人、踢人、粗鲁的语言等不适合孩子模仿的行为，要引导孩子用更智慧的方式解决问题。

### 3. 内容

在幼儿园里，三岁或混龄的孩子可以有一些短小的、跟大自然有关的故事。简单的，如《甜粥》《金锁与三只熊》《虱子与跳蚤》《手套》《小老太婆和小猪》《约翰的蛋糕》《饥饿的猫》等。

三岁以上的孩子通常已经准备好要听有连续性的故事，如《拔萝卜》：萝卜长得太大了，老爷爷没办法独自拔起来，所以一个接一个地请了奶奶、孙子、狗、猫，最后还请了老鼠，大家齐心合力才把大萝卜拔起来。还有《喜鹊的尾巴》这类的故事。我们发现，这类故事大多都有一种强调反复和顺序的形式，很多传统的歌谣也是如此，如"我有一只猫，我的猫很喜欢我"。有顺序性的故事还有一个附加的好处，刚学习扮演故事的小孩都会觉得这样的故事"不太难"！几乎每一个童话或故事，不是要解决问题，就是要对抗坏的榜样，譬如《白雪公主》里的皇后，故事里的问题越微小、越不严重的话，就越适合年纪小一点的孩子，反之，冲突越大的就适合大的孩子们听。

大孩子的故事类别稍微复杂一些，但整体而言，感觉多是快乐，少烦恼或争战的。四岁或五岁左右的孩子很喜欢下面这些故事：《比利山羊》《三只小猪》《野狼和七只

小羊》、《松饼工厂》、《马璇卡和熊》、《鞋匠和小木偶》。

五六岁左右的孩子（将要上学前班的孩子），故事就有更多的挑战，更多的细节，其中的主角，通常在他们的世界开始之时即被赋予了一个起码的任务，如《面粉场的男孩和猫》，不过，虽然他们遭遇困难、障碍，但他们并不因此觉得自己的灵魂背负过重，结果都是比较圆满的，就如很多的信仰故事一样，让孩子坚定地认为为善就必有善的收获。这类故事包括《星星钱币》、《青蛙王子》、《荷利妈妈》、《小红帽》、《柏门城音乐家》、《金鹅》、《纺锤木、梭子和针》、《森林里的小屋》、《女王蜂》、《雪姑娘》、《七只乌鸦》、《白玫瑰和红玫瑰》、《小野蔷薇》、《火焰城公主》、《驴子》、《白雪公主和七个小矮人》、《糖果屋》，这全部都是《格林童话》里的故事。

学前班的孩子，准备要进入小学了，这个时期的孩子开始换牙，幼儿园时光也即将结束，这是个比较有压力和冲突的时期。这时的故事，主角的受苦，或烦恼的经验正好符合这个转换新阶段的儿童的内在成长经验，通常这些故事是在孩子们将要离开幼儿园，要进入小学一年级以前讲的，比如《约琳德和约林格尔》、《灰姑娘》。

还有一些中国传统故事也是可以与大孩子一起来表演的，如传统节日故事：过年的来历，元宵节、清明节、端午节、七夕节、中秋节、重阳节的传说等；传统神话故事：盘古开天、女娲造人、女娲补天、牛郎织女、夸父逐日、田螺姑娘、嫦娥奔月、后羿射日、百鸟朝凤等；民间传说故事：梁山伯与祝英台、孟姜女哭长城等；成语故事：守株待兔、邯郸学步、掩耳盗铃、点石成金、狐假虎威、坐井观天等。这些我们传统文化中的典故也都是可以提供给孩子的很好的素材。还有一些绘本里的故事也可以是很好的戏剧的主题。

## 4. 形式

戏剧形式可以按每个班孩子的年龄来定，也可以按照每个班孩子的兴趣来定，可以每周一次，也可以是一个月一次，在一些特定的节日或活动的时候家长或老师也会为孩子演戏剧。

（1）小年龄的孩子（3-4岁）如何演戏剧：

小年龄的孩子主要是体验了解演戏与故事、与真实生

**图六十九**

戏剧表演的内容来源广泛，从经典童话、传统民间故事、绘本中都可以产生出非常有趣的剧本。

活的区别。

以常用的大家熟悉的故事做题材，用不分观众和演员的游戏形式。有不愿意参与的孩子可以让他看大孩子演，分配角色时孩子也可以选择角色。

教师也可扮演角色，教师在扮演角色的同时，还需担任导演，按戏剧的步骤进行：

● 写出简单的剧本与计划。

要把找到的故事变成剧本，把故事里面复杂的语言、成语等等，改变为适合孩子说的话。即使再简单的课程也是需要准备的，如演戏剧时的道具、化妆用的材料、演戏剧时的流程。演戏剧时还要照顾到那些不想演的孩子。

● 给所有的演员陈述剧本。

陈述剧本时要清楚，也要陈述出剧本中的角色，以供孩子选择。

对于小孩子，帮助他们了解故事，最好是以讲故事的方式开始。如果只是用嘴巴描述故事，没有实物（如布偶

**图七十**

对小年龄孩子，可以周一至周四讲故事，周五所有孩子一起扮演角色，以情景游戏的方式表达故事。

等材料）配合，小年龄的孩子是很难真正了解故事内容的，所以开始时，最好先利用实物讲故事，讲故事可以是在每天的故事时间进行，根据孩子对故事了解和熟悉的情况，老师自己把握时间，可以是一周或两周，等这个故事被所有孩子了解后，再分配角色让孩子自己扮演角色以戏剧的形式表达。

所以，小年龄的孩子，刚好可以周一至周四讲故事，周五所有孩子一起扮演角色，以情景游戏的方式表达故事。

对于小小孩，这样的活动在户外也可以多进行，能更好地培养孩子的情景统合能力，不必拘泥于课间一种形式，老师根据自己班级孩子的状态可以灵活地把握自己的戏剧课方式。

- 选择或分配角色与场地。

当孩子不能自己选择角色或是有两个孩子选择了同一个角色时，老师需要帮助孩子进行角色的分配。老师需要在一个大的场地中细分戏剧情景所需要的场地，如家、森林等。

- 化妆与自我角色的认知。

化妆能帮助孩子更好地将戏剧与现实生活分开。

- 开始表演。

在开始后当有些孩子不能演出角色，或孩子有些胆怯时，老师可以帮助孩子、陪伴孩子完成。要帮助孩子学习成为中心人物，比如在户外的游戏里，老师做一些圆圈的游戏，每次会有一个小朋友在圆圈中心，当孩子担心或不好意思的时候，老师可以在中心帮助和陪伴他，但如果孩子还是感到很困难，那就需要尊重孩子，给他时间直到他能成为中心。这样的游戏是比较好的锻炼方法，这样的过程也是老师观察孩子最好的机会，胆小、不敢表达自己的孩子是需要老师更多的引导和鼓励的，多提供机会给这些孩子，而不是一直被动地等待他自己改变，否则老师会发现，几年下来，有的孩子一直当观众，从不会当演员，孩子的能力就没有得到充分的提升。

（2）大孩子如何演戏剧：

可以给孩子们相应的关于戏剧的一些内容，如演员与观众的区别，剧本可以使用孩子熟悉的童话故事、古代故事、民间故事、神话故事、成语故事。有些人物的对白，基本是要求孩子自己完成的，情景也比较丰富，有时要孩子自己完成包括制作道具等其他工作。

- 写剧本以及表演计划。
- 给所有的演员陈述剧本。
- 选择和分配角色与划分场地。
- 化妆和进行自我的角色认知。
- 开始表演（在戏剧开始后当观众的孩子是不能随意地登台演出的）。
- 演出结束后谢幕。

### 案例：童话剧《守株待兔》

这里呈现的是芭学园戏剧节玉米班家长创作的剧本，括号内文字是主班老师的修改建议，在阅读中我们一起思考什么是剧本，剧本里什么样的语言是适合孩子的。

戏剧名称：童话剧《守株待兔》

人物：哥哥，弟弟。

其他：胖兔子一个，舞蹈伴奏两组。

形象：哥哥和弟弟古人打扮，有锄头道具。

戏剧开始：

人物上场，舞蹈，第一组八或十人，按一定的位置站立。

音乐儿歌：小白兔，白又白，两只耳朵竖起来，爱吃萝卜爱吃菜，蹦蹦跳跳真可爱。

伴唱：春日暖人间，河水呀绕田边，盼望今年收成好，兄弟二人种大田。

定格舞蹈站立哥哥弟弟身后。

哥哥：我是哥哥。

舞蹈组重复：哥哥。

弟弟：我是弟弟。

舞蹈组重复：弟弟。

哥哥：我不爱劳动，就想着天上掉下来大馅饼（*修改为"我不喜欢工作，如果不用工作就可以有食物，那该多好啊！"因为之前的语言是很书面化的，孩子不好理解*）。

弟弟：我诚实勤劳，不相信世界上有不劳而获的事情，来来来，咱们干起来啦（*修改为"我很勤劳，我喜欢看着我的种子慢慢发芽、开花、变成果实，来吧，我们一起干起来吧！"修改后的台词更加能被孩子接受，戏剧所有的方面都要考虑到是否适合孩子*）。

舞蹈人员和哥俩跳舞。

背景音乐儿歌唱：锄禾日当午，汗滴禾下土，谁知盘中餐，粒粒皆辛苦，粒粒皆辛苦！

哥哥：哎哟喂—我的命苦哦！我是天天锄禾日当午，可怜我这汗滴又禾下了土，有谁知道这盘中餐咯，它是粒粒皆辛苦，皆辛苦，哎——我还是先歇会儿吧！哎呀，这儿有棵树荫。哎呀太好了，有树荫（*修改为"哎呀！天天要锄地、浇水、拔草，太辛苦了，不行，我得找个地方先歇会儿。哎，这儿有树荫，太好了，就坐这儿吧。"之前的台词是很负面的，比如"我的命苦啊"，这都是不适合孩子模仿的语言，而且"我是天天锄禾日当午……"在孩子的经验里不理解这样的典故，所以也是不适合给孩子的*）。

紧张快节奏的音乐响起，胖兔子上场。

舞蹈人员同弟弟走到台的一侧。

哥哥：哎哟，兔子啊，哎哟，兔子。

兔子：快快跑，快快跑，大灰狼追来了，没处躲没处藏，我还得快快跑，我还得快快跑（一边跑一边向树上撞去）。

兔子趔趄状：我撞树了。（*修改：这句可以不要，因为孩子是可以看到表演的，不需要演员再说*）我有点头晕，啊！

舞蹈人员及哥俩到了倒下的兔子跟前。

哥哥：哎呀喂，这可真是天上掉下来个大胖兔子，哎呀这兔子可真肥，来来来，弟弟，咱俩一起把它搬回家去吧，咱们别干活了，有吃的啦，走（*修改为"哈哈！我捡了一只兔子，这个兔子好大啊，来来，弟弟，咱俩不用干活了，一起把它搬回家去吧，咱们可以把他卖了换钱用啊"*）。

舞蹈人员围过来，与弟弟和兔子一起下。

音乐起。

哥哥边唱边跳：小兔子，真愚蠢（*这是骂人的话，不建议出现*），愣头愣脑送上了门，何必锄禾日当午，只需咱在树下蹲，树下蹲（*修改为"小兔子，真慌张，蹦蹦跳跳撞树上，不必干活啦，只要咱在树下等，树下等"*）。

弟弟扛锄头上台，边舞边唱：一年之计在于春，节气过了不等人，守株待兔不可靠，收获全凭勤耕耘。

弟弟拉哥哥：哥哥，你还是跟我干活去吧，不会再有自己送上门的兔子了（*修改为"不会再有兔子撞树上了"*）。

弟弟走下台，哥哥边唱边跳：有的，一定会有的，有了第一只，就会有第二只，有了那个第二只，就会有了第三只，三四五六七八九，从此我天天抓兔子，今天等不来，我明天接着等，春天等不来，我夏天接着等，夏天等不来，秋天一定来，一定来。（*这段舞蹈是比较现代的，也可以让孩子接触，但要注意的是，非常强烈的现代流行乐、的士高等都是不适合给孩子的，更不能作为戏剧的配乐，给孩子的一定要是高质量的音乐，需要老师好好地去修炼自己的素养，让自己有比较高的鉴赏水平，才能自然地区分和剔除对孩子不合适、不美好的元素。*）

背景音乐儿歌唱起，四个舞蹈演员上：冬去春来燕儿归，夏季知了歌声脆，金秋稻谷翻滚浪，四季更替又轮回。

舞蹈演员下。

哥哥在树下蹲着，转过身贴上胡子。

哥哥：哎呀，这秋天都已经来了，我这胡子都已经长出来了，衣服也越穿越厚了，那胖嘟嘟的兔子还没来呀。哎哟喂，想起春天我吃的那锅兔子肉，现在还流口水呢（*修改：本句话删除不要，因为吃兔子肉给人的感觉不好，而且孩子每天的玩具中都有这样的材料，孩子会模仿，对孩子的影响是不美好的*）。

音乐起，八个兔子舞蹈着上场。

哥哥：哎呀，来啦来啦，终于来啦，还不止一只哪。

兔子：我们是小白兔，有个伙伴太着急就撞了树，从此我们不糊涂，不糊涂，游戏玩耍不会再撞树，不再撞大树。

哥哥：哎呀你们怎么还不撞树啊！（把树拿到兔子跟前。）

兔子：我们不糊涂，不糊涂，游戏玩耍不会再撞树，不再撞大树。

哥哥：哎呀，快撞哪，快撞，快撞啦……

兔子：就是不撞树，拜拜……

哥哥：拜拜，拜拜，哎呀，这群兔子太笨了，连棵树它都不会撞，这……这有什么难的，不就这么一撞吗？哎呀——我晕了，哎呀……

音乐起，哥哥把树推到边上。

所有舞蹈演员上。

弟弟：哥哥，哥哥，你快看，今年我们丰收了！哥哥，你别再等兔子撞树了，还是和我一起种庄稼吧，好不好？世界上根本没有不劳而获的事情（*修改为"如果自己不劳动是根本不会有食物的"*）。

哥哥：米饭、白菜、南瓜是挺好吃的，可必须要干活呀，干活就要辛辛苦苦地干一年，太累了，我这等兔子就不一样，我不用干活啊，哈哈……

弟弟：唉……哥哥……

哥哥：等啊等，还真的有点饿啊，好饿啊。

弟弟：你看看，再这样等下去，还是得不到吃的，会更加饿的。

哥哥：饿没有关系，它不用辛苦干活呀，我捂着肚子等吧。

弟弟：哎呀，哥哥，真是拿你没有办法。

哥哥继续在树下等。

哥哥：好饿啊，真的好饿呀，看来要想得到吃的东西，就必须要勤劳地干活，看来弟弟说的是对的。

弟弟：别再等了，还是和我一起种庄稼吧。

哥哥：那好吧，我和你一起种庄稼吧。和我的弟弟种庄稼，种了玉米种南瓜，种了萝卜种白菜，又锄地，又浇水，一年下来收成好，收成好。

所有的舞蹈演员一起合唱，大家做锄地、浇水的舞蹈动作。

音乐起，全体舞蹈：一年之计在于春，节气过了不等人，守株待兔不可靠，收获全凭勤耕耘，守株待兔不可靠，收获全凭勤耕耘。

全体起立，演员鞠躬谢幕，戏剧结束。

这个剧本是家长自己创作的，对孩子来说还是比较复杂的，需要老师再修改。提供这个案例，目的是让大家明白一个戏剧包括的方方面面，比如有角色、音乐、配音、道具服装、舞蹈等，而这一切就是要给孩子慢慢输入的戏剧的概念。

### 5. 老师的引领

（1）自己创作剧本

老师可以帮助大孩子自己创作剧本并演出。因为对孩子来说，无论是给孩子输入戏剧，还是音乐、舞蹈、绘画的概念，其目的之一就是要给孩子埋下一颗能够感受和享受美好的人类文化的种子，能让孩子对此有感觉。其次还要让孩子们发现，这些人类的文化形态是"人"创造出来的，我们自己也可以创造戏剧、歌曲等等，而不是以为戏剧、音乐就只能出现在舞台上或电视上，是离我们的生活很远的东西。通过老师的帮助，孩子们创造新的戏剧（歌曲），这也能更好地提升孩子们的自我效能认知。

可以用孩子和我们生活中的一些故事，也可以用一些生活中的情节为主题进行剧本创编（比如班级的特殊事件，一个好玩的故事等）。可以是大家一起编剧本，老师给一个主题，每人说一段连接在一起，变成一个故事。（这需要老师的把握，比如故事的逻辑关系，故事要有发展，不能每个人都重复同一个情景，或者某一个孩子只是为了吸引别人的注意，说些奇怪的话，根本对大家的故事没有发展等。在适当的时候老师要提升和把握整个情节的关系，在孩子们都已经可以理解这样的形式时，老师给孩子的空间就要大一点。）

（2）大家一起制作道具

这是一个审美的输入过程，孩子们的道具有多讲究，直接关系到戏剧的质量，开始的时候可以简单一点，随着孩子们理解能力的增强，老师就要引领他们制作相对复杂的服装，这里面相关的色彩、材料的利用等就可以输入给孩子了。

（3）举办演出

可以邀请更多的人来观看，那样就会延伸到售票等工作，也就慢慢地会有更丰富的常识能输入给孩子。

（4）表演不同的戏剧内容

这需要老师提前了解每一种剧种的要求和规范，然后才能输入给孩子，这些也比较适合大孩子去体验，如话剧、舞剧、歌舞剧、歌剧。

## （八）演讲

### 1. 概述

演讲针对4岁以上的孩子，演讲的目的是能够让孩子学会更好地表达自己，在表达自己的想法时语言有一定的逻辑关系，学习关注别人和倾听别人，这对孩子认识自我和群体的关系也是很有帮助的。在演讲的过程中孩子也能获得好的自我效能认知，能够让孩子发现自己的力量，随之孩子解决问题的能力和工作能力也会得以提升。

演讲会要根据孩子的年龄来定，可以是每天都有，每周都有。演讲的内容可以是关于孩子生活的事情，可以是孩子的即兴表达，或者是一个固定的主题。演讲时老师可以给孩子一些示范。

### 2. 内容

（1）第一阶段，对生活的叙说。

这样的叙说有简单的情节，也有一些自己的感受。例

和孩子聊一聊，我眼里的冬天

孩子是脚，教育是鞋

如："周末去干什么了"、"我今天的早餐"、"我最喜欢吃的水果是……"这些比较适合小年龄的孩子，是需要让孩子学习在大家面前说话，表达自己的想法。开始的时候，可以放在晨圈时间，孩子不需要单独站出来，就在自己固定的位置上（或到老师的身边）说话。这时是非常需要老师帮助的，首先老师要示范，老师的示范更多地要描述自己的感受，比如"我看到小鱼了，我很高兴"等。所要说的话可以从一个固定的主题开始，比如"你周六去干什么了"。

在这个阶段，对孩子的要求如下：

- 说话声音要大一点，要让周围的人能听见。
- 说话时可以看着大家或老师，而不是低着头抠手指或扭来扭去。
- 每次只有一个人说话，其余的人要听着，不能随意地打断别人或大声地喊叫。
- 每次想说话要举手，最好是轮流说。

老师在每个孩子说完后可以有总结，这也是为了让孩子发现语言是有逻辑、有顺序的，这一点非常重要，而且老师要有意识地提升孩子的语言，不能是下一个孩子一直在重复上一个孩子的话，这样的语言质量不高而且也不能真正地帮助到孩子。所以老师要对孩子的话有提升和要求，比如"谁有不一样的……"

（2）第二阶段，通过叙说表达自己的感受和自己的看法。

这时候的主题可以有：讲一个故事、笑话、或老师给一个主题，让孩子表达自己的想法。

例如：在美国的肯尼迪州，有一年冬天下大雪，在一条马路边上，所有的店铺门前都把雪扫得干干净净的。但是有一位老人在一家店铺前的马路上不小心摔了一跤，脚骨折了。老人把这家的店主告上了法庭，指责店主没有及时清扫马路才使得自己摔倒，而店主人认为自己没有过失，原因是他们已经清扫了门前的空地，马路不是自己的管辖范围。（后来法庭判店主有过失，赔偿老人的医药费。）你的看法是什么样的？这就是演讲的主题，可以让孩子表达自己的想法（《读者》等文摘杂志上的小块故事也是很好的素材）。

在这个阶段，对孩子的要求如下：语言慢慢地有一些逻辑；用一些成语；表达得越来越连贯、清楚；说的是一个情节，比如一个故事（4岁多的孩子们是可以独立记住妈妈或老师经常读给他听的一本书的）。

这时候孩子们都要大一点了，所以形式上可以有演讲台，演讲的人可以与听众区分开来。演讲的规则包括听的孩子和演讲的孩子，比如演讲的孩子不能嬉闹、跳上跳下、做鬼脸等（因为孩子在紧张时是会用这样的行为来自我调节）。这时候老师的帮助也是很重要的，要有更高一点的演讲示范，比如演讲的礼仪。

（3）第三阶段，演讲一段故事有表情和动作。

这时候的孩子已经有一段时间的演讲经验了，所以演讲的内容就可以更加丰富了。

演讲内容可以是一首诗，可以是自己创作的作品（给自己好朋友的信，自己旅游时的经历，自己的爸爸、妈妈是什么样子的等）。如果孩子不能自己写，可以由孩子说老师代写。

总之演讲练习对养成孩子倾听别人，能够在公众场合分享自己的生活和想法的能力和习惯起到很好的作用，因此要不时地提供孩子在群体面前讲话的机会。演讲又与戏剧演出不同，因为演讲的内容和表现都是自然的、真实的，带有孩子独特的个性。

孩子们创编小故事，还画成了连环画

# （九）家长客座

家长客座是芭学园专门设置的家园互通、共同帮助孩子的方式之一。

每个家长都有自己擅长的领域，能够带给孩子对各行各业的认识，让家长参与进幼儿园的课程可以丰富孩子对社会角色的多维体验与认知。

同时家长也可以通过客座活动对芭学园的教育理念、教学方法以及老师的工作有更加深入的体验，增进家长与老师之间的互相理解。

家长通过客座的方式参与到幼儿园的活动中，从课程设计到实施，可以真正体验当老师的感受，也了解了芭学园的课程。

家长能有机会理解老师的工作并体会到老师的用心，而老师也可以在与家长的交流过程中发现家长引领孩子时的问题，并给予家长正确的教育方法指导。老师和孩子从不同的家长客座中获得多样的知识和多元化的信息，孩子也会为自己的爸爸妈妈能够来芭学园为自己的小伙伴们分享课程而自豪，和爸爸妈妈一起上学、在芭学园生活一天对孩子而言是多么高兴而兴奋的事情啊！

芭学园的教育内容中包含了非常广博的元素，这些元素就像空气一样存在于老师和孩子生活的地方。孩子每一天来到芭学园，都会受到这些元素的沁润，从而发展他们的人格特质。这些元素有：英语、音乐、美术、律动、语言、数理逻辑、科学、困难、生活环境、非生活环境、建筑、农业、复杂人群、同龄人群、厨艺、木工、心理滋养、人文关怀、人类文化熏染、品德建构、社会职业体验、社会角色认知、基础生活知识、基础生活技能、生活礼仪练习、基础安全知识、基础安全能力练习等。

家长客座时爸爸的内心戏

以下将对部分元素进行具体解析。

# 三、课程中蕴含的元素

## （一）英语元素

### 1. 功能

芭学园教育中需要包含英语元素，但并不是为了让孩子现在就掌握英语这项技能，而是将英语作为儿童在芭学园生活的一项元素，让孩子接受到一点英语的刺激，将来在所有的语言中孩子会注意到英语，会容易对英语产生兴趣并去学习它。芭学园并不主张在孩子幼小的时期学习第二种语言，如果教学方法有问题，还会造成孩子对英语的厌烦和害怕。另外孩子在母亲的腹中听到母亲说的语言，才是母语，在来到这个世界的头几年，他们必须熟练地用母语去表达自己，只有能够流畅地使用语言后，孩子们对语言才能树立信心，并且愿意在今后的生活和学习中努力地提升自己的语言水平。如果在掌握母语阶段，孩子发现用语言表达自己非常困难，孩子就会对使用语言表达产生畏惧，并回避用语言去表达自己，如果孩子产生了这种心理，就会对任何语言都不感兴趣，并回避使用语言的方式，在这种情况下，孩子非但学不好第二种语言，连第一种语言——母语也不会学好。所以在孩子生命的头几年里，芭学园尽可能不给孩子进行唤醒式的语言教学，只把语言作为一种环境，用来熏染孩子，让孩子在不知不觉中受到语言的熏陶。

图七十一

英语元素是为了让孩子接受到一点英语的刺激，将来会容易对英语产生兴趣并去学习它。

## 2. 内容

英语在学前班之前只作为一种环境中的语言因素存在，英语老师在班级里正常地与孩子进行生活、互动与交流，而芭学园说英语的老师基本都是英语国家的人，这样做的目的，是为了让孩子们发现，不同的人种会说不同的语言，而不会造成孩子关于语言和地域的混乱——比如让孩子误认为人类天生就会说好多种语言，而为自己只会说一种语言感到奇怪，为父母也只会说一种语言感到不解，从而不接纳自己和父母，所以，芭学园会尽可能引进英语国家的人作为英语的元素。

外教老师的任务不是教会孩子说英语，而是跟孩子正常互动，并尽可能地让孩子喜欢他们，孩子喜欢他们了，也就对他们所使用的语言感兴趣了，兴趣会指引孩子去注意，只要注意了就会吸收。等孩子到了学前班之后，每天会有一节英语课，这时一般会用中国的英语老师，因为孩子们需要了解那些他们听不懂的话表达的到底是什么意思，如果孩子们不能对英语进行这方面的探索，就会不再对英语感兴趣了，这时的孩子最好是能用英语表达一两个生活中常用的句子，这样他们会信心大增，学前班英语课的教学方法也是活泼生动的，是老师和孩子共同参与共同生成的形式。课程的目的仍然不在于让孩子学会说多少单词和句子，而在于培养孩子对英语的兴趣和爱好，为孩子将来学习英语打下一个良好的心理基础。

在学前班，老师会使用肢体、韵律、歌谣、词语配对等各种方式对孩子进行计划内的英语教学，每年的英语教学大纲会在老师上完第一周英语课之后，根据老师和孩子的需要，由学前班科研小组一起制定。之后，基本按照教学大纲进行教学。

## （二）音乐元素

在芭学园中，音乐元素作为一种生活元素，时时刻刻在孩子们的生活中出现。吃饭前，有饭前准备歌，睡觉前，有准备睡觉的歌。这些音乐元素能被转换为多种形式，被老师和孩子应用于故事或生活中。

好学好用的《归位歌》

### 1. 韵律舞及手指谣

在韵律舞及手指谣中，我们会有音乐与动作的融合，孩子在做着动作唱着歌的过程中，对歌曲更易接受与掌握，也更有兴趣去学习。

### 2. 改编歌曲

在芭学园，老师会将许多歌曲进行改编来引导孩子，孩子在生活中也会唱一些自己改编的歌曲，从而培养自己的创造力。

图七十二

音乐元素时时刻刻在
孩子们的生活中出现。

### 3. 悠扬的歌曲

在芭学园，教师会有意识地去挑选适合孩子的音乐给
孩子，多是比较悠扬的童谣、民歌、儿歌等。

**4.** 到了学前班，音乐作为一种表达人类精神的语言而
被孩子们了解，整个音乐课程的设计都是朝向使孩子发现，
音乐与美术、文字一样，是一种用来表达自己的工具。它
用来表达我们的感受、我们的想法和我们与同伴的交流。
同时在学前班早期，音乐和美术都会配合语文和算术活动
一起进行。

原来还可以和
孩子这样欣赏贝
多芬

## （三）美术元素

美术元素在我们的教育形式中占有特殊的地位，它
与其他的许多元素都是相关的，事实上，每一个学科都希
望以艺术的方式来呈现，无论是在物理空间还是在精神层

面——在物理空间中，老师要设计带有艺术品位的美的环境；在精神层面中，老师需要以艺术的形式来向孩子们呈现自己将要带给孩子的内容，这一切都包含了美术元素。

在芭学园中专门设有美术工作室，4岁以上的孩子可以到那里自由地选择一项自己喜欢的美术工作。

在每个班级里，还设有文化区，区内常备有绘画工具，孩子任何时间想画画都可以。无论小年龄孩子（2-4岁）

**图七十三**

在芭学园专门设有美术工作室，4岁以上的孩子可以到那里自由地选择一项自己喜欢的美术工作。

还是大年龄孩子（4-6岁），水彩画都最为适合作为绘画的入门课，严格而言，孩子最开始的绘画课程并不都算是正式课程。

对于小年龄的孩子来说，他们需要学习认识和使用这些材料，所以湿水彩的使用过程是让孩子一点点进入颜色和水的世界，开始是由三原色中的一种颜色，比如只用"红色"，可能是两三周或一个月反复用一种颜色画画，让孩子反复练习。当然一种颜色进行多久，需要老师根据孩子的画面状态灵活把握。为什么要只给一种颜色开始引入呢？这也是降低给孩子的刺激，能够让孩子更细致深入地发现一个活动，并且学习活动里老师所引导的内容。比如小孩子第一次画红色的湿水彩，同时他也要学习老师指导的如何用笔、如何和别人合作等，重复的练习会让孩子更好地模仿和学习。他们可能第一次对颜色很感兴趣，然后慢慢地对笔感兴趣，再慢慢对他的画面感兴趣，一段时间后，他关注到了这个活动中的全部元素，也就学会了老师所希望给孩子的所有东西。然后再开始给孩子另一种色彩，比如蓝色……假设第一次给红色，第二次就给蓝色，这样频繁地变换，会使孩子比较难进入到一种稳定专注的工作状态，所以说一定不要担心孩子会不感兴趣，老师的信心和坚定会让孩子越来越有心力，也更加专注投入地做事情。

对于已经经过一段时间练习的大孩子来说，湿水彩以一种放松、自然的形式来启发孩子对色彩的感受。例如，将蓝色放在黄色旁，效果应该与将蓝色放在绿色旁是有所差异的；将红色用绿色围住的感受，与用绿色围住红色是不一样的。对颜色的欣赏可以在色彩的调和中慢慢培养，让孩子慢慢地感受颜色，比如色彩的情感：红黄给人的感受温暖、舒服，更加的亲近，而蓝紫色则有冷的、较为疏远的感觉。

在芭学园的植物园里，孩子们这样上美术课

图七十四

对已经经过一段时间练习的大孩子来说，湿水彩以一种放松、自然的形式来启发孩子对色彩的感受。

这一切感受和体验都是由孩子慢慢发现和感受的，并不是由老师一下子来告诉他们的，老师最好不要过多地干涉和评价孩子，最好的引导是增强自己的艺术素养，通过自己的练习来体味色彩，然后在湿水彩活动里，老师和孩子们一起画，这种隐形的引导是最好的，孩子会观察和模仿，当然孩子所模仿后的东西一定是带有孩子自己的感受和创造的。等到孩子慢慢地长大了，比如小学阶段，老师可能会有更加深入的引导，但教学中必须要遵从的是：鼓励孩子能画出颜色以外的东西——不一定要画得与现实生活的物品一模一样，如此，色彩的表现反而变得更加自然真实，而不只是一种形式而已。颜色的使用能诱发孩子的想象，使其想象力和创造力得以奔放，从而绘画出一些令人惊艳的作品。

对于幼儿园阶段的蜡笔画，老师最好的准备是，提供给孩子品质良好的材料和工具，画画的空间和自由就交给孩子。小年龄的孩子最好使用蜡块，因为蜡块和纸的接触面比较大，孩子用很小的力量也能画出线条，彩色铅笔和需要很大腕力的材料都不是很合适。老师和成人不要太多地干涉和打扰孩子，要尊重儿童发展规律，理解孩子当下的发展状态和自然的发展规律，比如孩子会不断地画"毛线团"，可能从孩子开始握笔一直持续到三岁或者四岁多，这时候成人最好不要干涉或试图引导他们，如果成人足够耐心，你会看到他的画面慢慢地会有不同的东西出现。较大年龄的孩子，比如 4 岁半起，可以慢慢开始使用一些硬的材料，比如彩色铅笔的运用，增加孩子的手部肌肉控制能力，为以后的学习做准备。

一堂关于"门神"的美术课

绘画在学校的教学中对于其他学科有着非常大的帮助，对孩子将来的学习比如一年级的写字学习也有很大的帮助，甚至对小学中学的学习也派得上用场。所以幼儿园阶段保护孩子画画的兴趣是最重要的，画画也是培养孩子意志力非常好的手段之一，开始的时候孩子画画总是比较困难的，这样的过程能练习孩子的意志力。画画并不是要原原本本将某个东西画下来，而是让孩子利用工具，创造性地表达自己。

艺术课哭着说"不会"的小孩，其实很会创造

对于大一点的孩子，绘画课可能还会有艺术欣赏，有一点点艺术史等内容，这不只是展示画家画画的技巧，最重要的是让孩子习惯于享受大师的画并对大师进行心灵对

话。在欣赏大师作品的同时，配合大师的生平故事，能够使孩子心目中多出很多英雄和人物，这些内容都在同一个时段进行是最好的。

在幼儿园的活动里，美术元素是非常重要的，老师要不遗余力地提高自己的艺术素养，尽可能地给孩子好的艺术滋养。

## （四）律动元素

风没想到，它把树叶吹落，结果孩子们有了一堂这样的舞蹈课

律动元素是在日常生活中不可或缺的，律动可以让孩子在生活中运用自己的身体感受音乐、表达感受，在此过程中，自然地用身体与音乐融为一体。律动能不断地探索音韵，来满足孩子的情绪以及情感需求，以激发孩子的身体机能。它自古以来就是孩子天生的自然表现行为，孩子喜欢运动，可以在活动中获得乐趣，同时可以培养和发展孩子的听觉、节奏感、对音乐的感受力、观察力、模仿力、创造力和想象力，也可以提高孩子的动作协调能力。

律动不只是身体运动而已，它涉及心灵深处，包含思想、灵魂、肢体及感官的全面参与，律动是听觉、视觉、触觉、动作、呼吸、认知、意志、情感等多种元素的整体运作与表现。

律动也可以添加到游戏中，律动游戏是儿童期人类最纯洁和最高层的活动，它是行动、知觉、思维等三种作用凝成一体的表现，也是人生全程的典型活动。律动游戏给予了孩子自由、欢乐和满足，让生活与心灵更丰富美好。

律动由音乐和肢体动作构成：

音乐——音乐是儿童律动中最重要的元素之一，它是以时间来组织有声和无声，产生有秩序而且和谐的声响。音乐的原动力在于节奏。

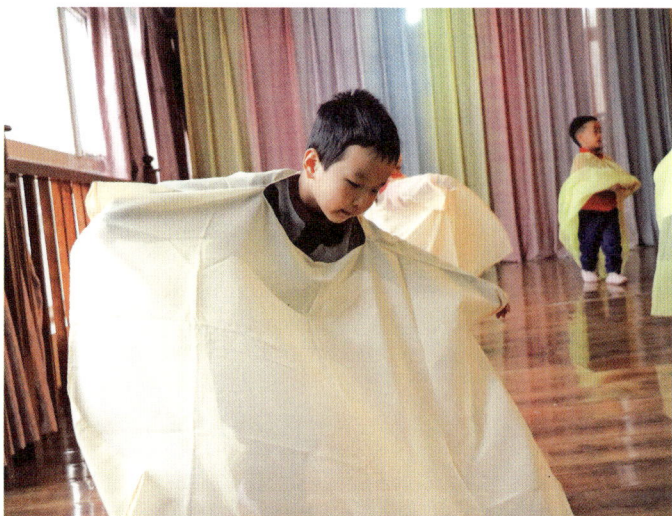

图七十五

律动元素让孩子在生活中运用自己的身体感受音乐、表达感受。

　　肢体动作——人类最基本的活动要素，动作是生活中内在感受连接外在反应的媒介。它的重要性在于能提供频繁的机会，让孩子在活动中得到经验和成就感，从活动中得到快乐。

## （五）语言元素

### 1. 功能

　　语言元素在我们的教育中占据极其重要的地位，老师在日常生活中，非常注重语言运用与环境的关系。在很多主要的活动中都设计了专门的语言元素，如晨圈、故事，以便对孩子进行语言的感染。从妈妈肚子里的一个胚胎到咿呀学语的幼儿再到日后运用各种语言的成人，这一系列成长过程无不显示了语言对人类生活和工作的重要性。只有良好地掌握了语言，才有可能完成良好的思维运作，人与人之间才能够有良好的交流与合作，才能够完成世界上普遍的和有创造性的工作。儿童掌握了语言，才能更好地理解语言的意义、清楚地表达自己的想法，才能和同伴和谐相处，营造和睦的氛围，同时才能够为推动儿童各方面的发展提供有利的条件。

## 2. 内容

语言可以从以下几个方面发展：

（1）依据年龄段划分

当宝宝还是胚胎时，妈妈可以用平和的、充满爱的语气和声调跟宝宝说话，这样宝宝一出生就会对妈妈的语言特别敏感。

当宝宝咿呀学语时，经常对宝宝说话，语言简短、清晰，且重复地述说，宝宝虽然不会说，但一旦要说时，就能够将语言和行为有良好的配对。

当宝宝不能用语言正确表达时，成人可以复述宝宝要表达的意思，以便宝宝模仿、理解与掌握。

（2）在各工作区中发展语言

在阅读区，通过不断地重复书上的句子，增加孩子的词汇量。

在绘画区，可以鼓励孩子复述表达所画的内容，可以练习语言、图画与感受的配对。

晨圈中通过律动、手指谣，更为有趣地引导孩子进行语言的练习。

# 附录

## 附一：芭学园的课程结构

芭学园所面对的孩子家庭，生活相对单一，孩子从小生活在大城市的小区里，成人能给孩子提供的生活经验非常有限，所以孩子无法靠父母给他们的生活内涵来玩芭学园提供给他们的玩具，而且我们在前面提到的其生活中感情模式也很单一，不足以让孩子利用丰富的感情来支持玩耍我们提供的情感玩具。为解决这一问题，芭学园专为自己所面对的孩子量身定做了四季课程，使人类的生命节律符合于大自然的生命节律。四季课程其实不是课程而是有主题的活动和工作，见下图。

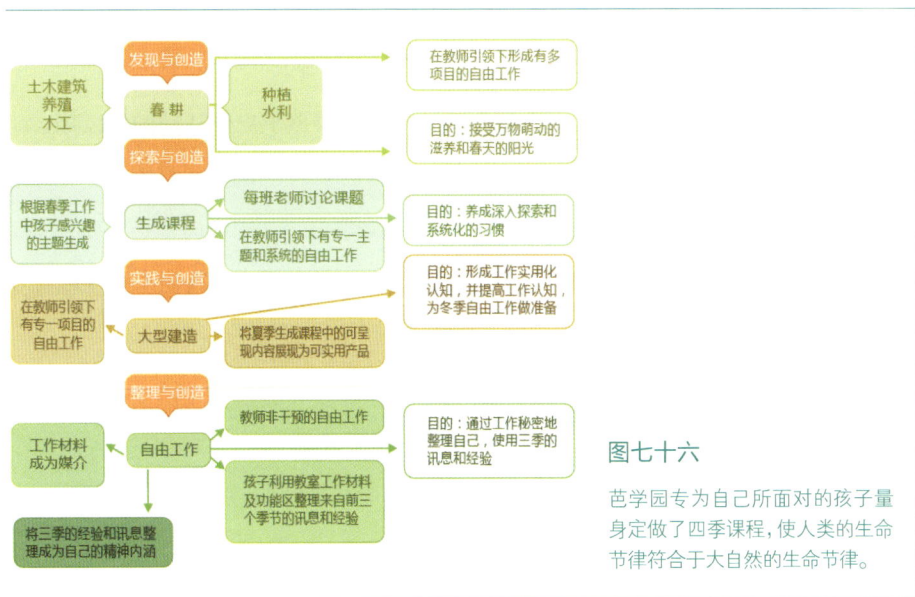

图七十六

芭学园专为自己所面对的孩子量身定做了四季课程，使人类的生命节律符合于大自然的生命节律。

## 附二：芭学园一日流程（春季）

### 7:30 每个老师准时到岗

### 7:30-8:00 准备的时间

老师在教室中调整教室环境，使环境完全符合帮助孩子的要求老师在孩子到来之前，调整好自己的心态，坐在一个桌边的位置做自己的工作等待孩子的到来，让孩子一进门就看到老师在那里安静的工作，就此老师把一种祥和的家的感觉已经带给了孩子。

### 8:00-9:00 入园和吃早餐的时间

1. 调整好自己的精神状态及仪表仪态做好面对孩子的准备。

2. 在楼下门厅等待家长送来或者坐班车的孩子，认真详细地记录家长、保健医生、班车老师交代的有关孩子需要注意的事情，并传达给班内的每一位老师。同时监督一天当中个别孩子需要注意的个别情况。下午家长来接时应给予家长回应，使家长放心、安心。

3. 带孩子洗手、漱口和吃饭。给孩子建立入园时的基本程序。如先带孩子放好带来的包和水杯，然后再带孩子拿盐水漱口，最后洗手。提醒孩子洗完手后要用毛巾擦干并将毛巾挂在自己的位置上，然后去吃早餐。

4. 给孩子们带来的水杯里倒上温度适宜的水，供孩子户外活动的时候用。

5. 陪伴孩子吃早饭。因为是一天的开始所以需要有意识地观察孩子的情绪状态，设计一天的帮助计划。

6. 引导孩子怎样将餐具归位，怎样使用新换的餐巾纸。等待所有孩子吃完早餐后方可离开餐桌。

### 9:00-9:15 归位　洗手　喝水

### 9:15-9:30 晨圈的时间

1. 晨圈活动需要班内所有的老师放下手里的工作来参加。全身心地投入到晨圈的活动中，营造出和谐的氛围帮助孩子更好地感受晨圈。

2. 带孩子们做晨圈，做晨圈活动的组织者。

3. 在晨圈中及时解决特殊孩子的特殊问题。

### 9∶35-9∶45 户外活动的准备时间

1. 老师在桌子旁边等待晨圈完去洗手的孩子，让他们坐下来喝每天的豆浆或是牛奶。

2. 组织孩子将喝完的牛奶或是豆浆的杯子拿到洗手间洗干净，备用。

### 9∶45-10∶30 户外活动时间

1. 避免孩子在楼梯上推搡。

2. 待孩子换好鞋后，三位老师需要按下楼梯时的分配来护送孩子到院子里进行户外活动。

3. 在孩子户外活动的时间里，三个老师要协调好自己所负责的位置，看护好孩子的安全。发现隐患时应及时解决或上报，以充分保证孩子的安全。老师需要在院子里帮助新入园或是需要多关注的孩子。

4. 进行户外的活动以及与他人的交往。另外，巡视安全。

### 10∶35-10∶45 组织孩子准备进屋

1. 副主班老师需要提醒主班老师进屋的时间，协助主班老师一起组织孩子进屋。老师在门口等待拿好水杯准备进屋的孩子。

2. 在上楼时需要主班老师、副主班老师及助教按照下楼时的位置护送孩子上楼，避免孩子在楼梯上有推搡等不安全的情况发生。

### 10∶45-11∶05 主课的时间

1. 老师准备好自己的位置坐好等待孩子到来，等孩子陆续到来后，带领先到的孩子做手指谣或者一起唱歌谣。

2. 等孩子到齐后开始组织主课内容。

**11：05-11：45 午餐时间**

1. 一位老师在门口等待上完主课或听完故事后去洗手的孩子。在这个环节中老师要引领孩子学习怎么样归位椅子，在孩子需要的时候给予一些帮助。

2. 老师坐在吃饭时固定的位置上唱歌或做手指游戏，等所有的孩子坐下来后，带领孩子们唱饭前感恩歌，在一位老师开始带孩子们唱饭前感恩歌的时候，所有的老师需要放下手中的工作围在餐桌边一起唱歌。

3. 吃饭的过程中，需要老师和孩子们在一个大桌子上一同进餐。

**11：45-12：00 饭后收拾的时间**

1. 一位老师在吃完饭后需要到阅览区与孩子们一起分享故事。

2. 另一位老师需要在绘画桌上引领孩子们画画，并给孩子适当的帮助。

3. 第三位老师引领两个孩子协助保育员一起收拾餐桌及地面，和新来的孩子的一些生活照顾。

**12：00-12：15 睡前的准备**

1. 到午睡的时间，各个区域的老师引领孩子归位。

2. 归位后引领孩子在洗手间如厕、洗手、漱口。

3. 另一位老师在班级的门口等待洗完手的孩子，待教室内的床摆好后，带领已经准备好可以安静入睡的孩子进屋睡觉。

**12：15-14：15 午睡时间**

1. 待孩子躺在床上准备好后，老师为孩子讲睡前故事。故事需要提前准备，故事里不能含有不适合孩子的情景，如有需要改动的词语句子等，老师应该提前做好准备。睡前故事为一周换一次。

2. 孩子午睡时老师也需要休息和孩子一起入睡，并帮助入睡困难的孩子。

3. 孩子午睡时应有值班老师。待多数孩子入睡后，有其他工作的老师方可离开。

**14：15-15：00 起床、加餐及生成课前的准备**

1. 老师一边唱歌一边拉开窗帘请孩子们起床。

2. 可以一边帮助孩子起床一边聊聊天问下午好。按照保健医生的要求指导孩子们穿衣服的顺序，如先穿上衣，再穿袜子，再穿裤子，最后穿鞋子。需要结合当下的情况与老师合作将已经穿好衣服的孩子的床抬走。同时可结合个别孩子的状态，邀请孩子一起协助。注意孩子的安全。

3. 老师：在教室门口唱歌，组织起床的孩子如厕、洗手。

4. 老师需要把餐桌归位并冲洗加餐的盘子、刀具等，坐下来为孩子准备加餐。

5. 留下一位老师帮助最后起床的孩子，及协助午睡后教室里的设施归位。

带孩子们坐下来后，主班老师可以根据孩子的状态，来选择是否一边准备加餐一边为孩子们讲小故事。

6. 主班老师先组织吃完点心的孩子到阅览区，等待餐桌收拾好后去上季度课程。

### 15:00-15:55 大孩子的生成课程时间，小孩子户外活动的时间

1. 老师开始今天的生成课程《毛毛虫的家住在哪里》

2. 另一位老师在课程的进行中维持秩序，课程完结后带孩子下楼，注意孩子上下楼时的安全。

### 16:00-16:45 孩子晚饭的时间、饭后收拾及户外活动前的准备时间

1. 老师组织上完课程的孩子及从户外回来的孩子，一起做饭前的准备，如如厕、洗手等。

2. 带孩子上楼后就洗手进屋，坐在餐桌旁，用唱歌或是手指谣的方式等待孩子拿餐具，坐下来吃晚餐。

3. 在孩子拿餐具的地方协助孩子拿餐具，准备吃晚餐。

4. 待所有的孩子拿完餐具准备好后，开始唱饭前感恩歌。在唱感恩歌时，需要所有的老师放下手中的工作与孩子们一起唱。吃饭的过程中需要主班老师和助教在一个大桌子上与孩子们一同进餐，副主班老师和另一名助教在另一张大桌子上与孩子们一同进餐。

5. 陪伴吃饭慢的孩子，待所有的孩子吃完饭之后方可离开餐桌，并协助保育员一起收拾餐桌、地面等。最后与保育员一起将餐具送到厨房消毒。

### 16：45-17：30 户外等待班车及来接的家长的时间

1. 在栅栏门口看护孩子的安全及注意家长是否来接，坐第二趟班车的孩子是否需要做准备；给家长需要的反馈信息；给班车老师交代需要注意孩子的哪些情况。做好一天中最后一刻的安全工作。

2. 在本班所负责的木工区及木工区附近看护孩子的安全。所在的位置应该是尽量能看到所有的孩子的地方。保证好孩子的安全。

3. 在 17：15 班车到来时，主班老师需要通知副主班老师，提醒坐班车的孩子准备上车。

4. 看护几个还没人来接的孩子。等到家长来接时，给家长所需要的孩子的反馈。

### 17：30-18：00 最后的收拾整理的时间

1. 在写完课程总结后，需要检查班内的空调、门窗、照明灯等是否完好，待一切无异常后方可离开教室，下班。

2. 在送完孩子后，认真填写本班的日志及保健记录。如有需要回家打电话的，需要咨询主班老师后给家长电话。填写完后，方可离开教室，下班。

3. 在做完消毒工作后，仔细检查教室内的门窗、空调、电源等关掉后，方可离开教室，下班。

4. 在送完每站的孩子后，需要检查车上是否有遗漏的孩子，以及孩子遗漏的物品。安全带是否完好无损。确定这一切都没有问题时，方可离开班车下班。

芭学园的一日流程的安排，非常注重孩子的生命节律，一天虽然看上去有很多的环节，但在老师不留痕迹的引导下，从早晨像流水一样走到了晚上。我们知道，如果我们的活动适合于孩子，孩子就会获得帮助，如果我们的流程不适合孩子，孩子就会产生行为问题，这时成人就不得不用所谓的纪律去压制孩子，这样孩子就不会按照自然给他们的发展规律来发展出他们的自我。

我们说幼教是关乎孩子人格建构的工程，幼儿园的教育应该朝向协助孩子的人格建构来设置。让我们大家共同努力来探索这种帮助孩子进行完整人格建构的教育。让关怀我们民族人格提升的同仁们，共同努力来完善我们的幼儿教育，使她真正地为中华民族的人格提升作出贡献。

　　芭学园已经毕业了八批孩子，共有一百五十余人，这些孩子去了各种各样的小学，他们大部分在经历了一段适应期后，就变得如鱼得水，而且年龄越大，就越显现出芭学园的特征，他们显示出的自律、主动、负责任、遵守原则、关怀别人、顺应群体、"皮实"扛造、解决问题能力强等品格受到了各学校老师的好评，当然芭学园也不是能够把所有的孩子都培养得适应于传统教育的学校，到目前仍有六七个孩子在传统学校中学习比较困难，他们需要不一样的帮助，在得不到恰当帮助的前提下，他们感到上学是一件不愉快的事。目前芭学园已经有了自己的小学，我们希望在芭学园小学中让所有特质的孩子获得适合于他们特质的帮助。

　　本书原本是为本园教师而写的，便于他们更好地开展工作。在使用的过程中，我们发现这样的一本指导手册对于老师来说是绝对有必要的，因为老师每天工作很忙，不能抽出专门的时间来参加系统培训，并且老师们在学习教育的初期，也需要一些明确的最低标准来划定界限，在老教师帮助新教师时，由于身在工作中的缘故，他们无法随时把一切讲得那么系统，那么完善，为了使新教师知道了其一，也知道其二，所以一本教育的入门书还是新教师们所需要的。

　　另外，每年有来自全国的教育同行加入芭学园教育的培训中，虽然芭学园会引领这些想学习芭学园教育的同仁们，唤醒自己的感受，用心灵来感受孩子，同时输入芭学园的教育理念和方法，但在培训结束时，学员们都会请求能否把传说中的《芭学园教师指导手册》卖给他们一本，在这样的需求下，我们有了公开《芭学园教师指导手册》的想法。

　　感谢华东师范大学出版社的谢少卿老师和沈岚老师，在我觉得这本书有些太枯燥，担心市场效果不好的时候，她们坚决地接手了这本书，也感谢我的指导老师王振宇教授，在书稿写到将要结束时，我突然恐惧在理论上的漏洞会给同仁带来误导，王振宇教授用手机短信告诉我"全打包寄过来吧"，那时我的心里充满了温暖和安全感。

感谢芭学园的教育督导海月琴老师和李娜老师，还有副园长张莉老师，手册中有一些章节的资料是由她们提供的。最后感谢我们芭学园的家长家齐妈妈帮助我纠正文字和语法错误。感谢小秘谭少芳女士帮助我制作图表和整理所有的图片资料。

我们说，如果一个人站着，是因为有很多人在后面撑着他，如果一个人躺着，是因为有很多人高举起双手为他撑着一片安全的天空。感谢那些举着手帮助我们撑起一片天空的家长、孩子和幼教同仁们。我们会继续完善芭学园的教育，也请同仁和老师们多多指导。

李跃儿
2012 年截稿于宁夏